SVALBARD

GUIDE DE VOYAGE 2024

Le guide mis à jour des principales attractions, du repos, des conseils budgétaires, des incontournables et des essentiels de la location de voiture sur 7 jours

ANDRÉ FROST

Svalbard Guide de voyage 2024

droits d'auteur© 2024 Andrea Frost

Tous droits réservés

TABLE DES MATIÈRES

INTRODUCTION **7**

CHAPITRE UN **13**

Histoire 13
Aperçu des régions 13
Culture 15
Habitants 20
Ressources naturelles 23
Gouvernement 26

CHAPITRE DEUX **31**

Se préparer pour votre voyage 31
Le meilleur moment pour visiter 34
Sélection des meilleurs hébergements 37
Conditions d'entrée et visas 40
Langue et monnaie 42
Proposition de budget 45
Suggestions pour économiser de l'argent 48
Meilleurs endroits pour réserver vos vacances 51
La liste de colisage ultime 54
Assurance voyage et santé 57
Comprendre la météo 61

CHAPITRE TROIS **67**

Comment se rendre au Svalbard et en revenir 67
Transports au Svalbard 70
Options de transport local 73

Andréa Frost

Conseils pour se déplacer à Longyearbyen	76

CHAPITRE QUATRE — 81

Réglementation et sécurité	**81**
Protection des ours polaires	84
Considérations pour l'environnement	87
Coutumes et lois locales	90

CHAPITRE CINQ — 93

Alternatives pour l'hébergement	**93**
Hôtels et lodges à Longyearbyen	96
Reste du budget	99
Expériences d'hébergement uniques	102

CHAPITRE VI — 107

Principales activités et attractions	**107**
Excursions d'observation des baleines	110
Aventures de randonnée et de raquette	114
Expériences en traîneau à chiens	119
Directives pour repérer les ours polaires	122
Faire de la motoneige au Spitzberg	125
À la poursuite des aurores boréales	128
Exploration de Pyramiden et de Barentsburg	132

CHAPITRE SEPT — 137

Rencontres culturelles	**137**
Explorer le musée du Svalbard	140
Visites des brasseries de Longyearbyen et de Barentsburg	143

Dîner au Svalbard : une expérience locale 146

CHAPITRE HUIT — 151

Rencontres avec la nature et la faune **151**
Promenades en bateau et observation de la faune 154
Kayak de mer dans l'Arctique 159
Exploration de la flore et des oiseaux 162

CHAPITRE NEUF — 167

La réserve mondiale de semences **167**
L'importance de la chambre forte semencière 170
Explorer la réserve de semences 172

CHAPITRE DIX — 175

Restauration et cuisine locales **175**
Aliments et boissons traditionnels 178
Stratégies alimentaires économiques 185
Souvenirs et artisanat local 188
20 conseils essentiels pour la location de voitures au Svalbard 191
Itinéraire détaillé de 7 jours 210

CHAPITRE ONZE — 219

Informations pratiques et conseils **219**
Étiquette et coutumes 222
Langue et communication 225
Phrases linguistiques simples à connaître 229
Conseils pour la santé et la sécurité des utilisateurs 231
Contacts d'urgence 234

Andréa Frost

Accès Internet et communication avec les utilisateurs _____ 237
Applications et sites Web utiles aux utilisateurs _____ 239
Liens vers des cartes en ligne pour explorer le Svalbard _____ 243

CONCLUSION _____ **247**

Svalbard Guide de voyage 2024

INTRODUCTION

Je savais que j'étais sur le point de vivre une expérience pas comme les autres à l'instant où mon avion s'est posé sur le terrain escarpé et recouvert de glace du Svalbard. Le Svalbard, situé bien au-dessus du cercle polaire arctique, est l'endroit où la force de la nature peut être ressentie dans chaque fjord glacé et dans chaque montagne tranquille et recouverte de neige.

Mon aventure au Svalbard a commencé à Longyearbyen, la ville la plus septentrionale du monde de sa taille. Ce charmant village, avec ses cottages colorés, contrastant fortement avec le paysage austère de l'Arctique, m'a servi de point d'entrée dans un univers incroyable. Les rues, remplies de voyageurs enthousiastes et d'habitants vêtus de lourds vêtements d'hiver, dégageaient une atmosphère chaleureuse et conviviale qui démentait les conditions glaciales à l'extérieur.

L'excursion d'observation des baleines a sans conteste été le clou de mes vacances. Les mers arctiques du Svalbard regorgent de vie marine, et voir les rorquals bleus et les baleines à bosse se produire dans leur environnement d'origine a été une expérience incroyable. La vue de ces animaux majestueux émergeant avec élégance, leurs becs jaillissant de geysers brumeux dans l'air glacial, était à la fois humiliante et excitante.

L'expérience en traîneau à chiens était tout aussi impressionnante. J'ai ressenti un lien incroyable avec le pays et ses traditions en parcourant les magnifiques paysages enneigés, escorté par une équipe de huskies excités. Les chiens, chacun avec leur personnalité, étaient non seulement nos guides mais aussi nos camarades dans cette nature glaciale.

L'expérience la plus impressionnante a peut-être été d'avoir un aperçu des rares aurores boréales. Le ciel a explosé dans un arc-en-ciel de teintes alors que je me tenais au milieu de la nuit arctique. On aurait dit que le ciel lui-même effleurait la toile céleste de traits verts, violets et roses. Cette exposition bizarre de la splendeur de la nature a été une expérience magique qui restera gravée à jamais dans mon cœur.

Mais le Svalbard ne se limite pas à sa beauté naturelle. Visiter le village minier déserté de Pyramiden, c'était comme remonter le temps, un rappel obsédant mais intéressant de l'histoire soviétique de la région. Pendant ce temps, une visite de la brasserie locale de Longyearbyen a permis de goûter à l'Arctique sous la forme de bières uniques produites localement, démontrant l'ingéniosité et la ténacité des gens qui vivent ici.

À la fin de mon séjour au Svalbard, j'ai réalisé que c'était plus que de simples vacances ; cela a été un événement qui a changé ma vie et qui a transformé ma vision du monde. La beauté immaculée de l'Arctique, la gentillesse de ses habitants et la simplicité de la vie ici étaient à la fois une leçon d'humilité et une source d'inspiration.

Si vous recherchez une expérience qui sort de l'ordinaire, où chaque jour vous réserve une nouvelle surprise, un voyage au Svalbard est fait pour vous. Le Svalbard offre des expériences qui résonnent profondément et durent longtemps après votre retour chez vous, qu'il s'agisse de l'excitation d'observer un ours polaire, de la tranquillité d'une randonnée au soleil de minuit ou du simple plaisir d'une boisson chaude dans le confort d'un café de Longyearbyen. .

Venez explorer ce paradis arctique, où chaque instant est un récit à raconter et où chaque souvenir est une invitation au remarquable.

Dix raisons convaincantes pour lesquelles le Svalbard devrait être un voyage incontournable en 2024

1. Le Svalbard est l'un des rares sites de la planète où vous pourrez observer des ours polaires dans leur environnement d'origine. L'archipel abrite également une faune arctique diversifiée, notamment des morses, des rennes, des renards arctiques et une variété d'espèces d'oiseaux marins.

2. Soleil de minuit et nuits polaires : En été, le soleil ne se couche jamais, tandis qu'en hiver, l'obscurité règne 24 heures sur 24. Ces extrêmes offrent des expériences uniques, allant des expéditions de jour sans fin aux superbes aurores boréales.

3. Aurores boréales spectaculaires : les hivers sombres du Svalbard offrent certaines des meilleures chances d'observer les aurores boréales, un étonnant spectacle de lumière naturelle qui illumine le ciel arctique de teintes hypnotiques.

4. La topographie du Svalbard est caractérisée par de magnifiques glaciers et montagnes, offrant des vues incroyables et des possibilités d'exploration telles que des randonnées sur glacier et des expéditions dans des grottes de glace.

5. La riche histoire polaire du Svalbard : découvrez la riche histoire de l'exploration polaire du Svalbard. Visitez des musées et des lieux historiques pour en apprendre davantage sur les explorateurs audacieux et sur l'histoire de la région en tant que centre minier.

6. Les activités d'aventure du Svalbard comprennent le traîneau à chiens, la motoneige, le kayak au milieu des icebergs et les croisières en bateau vers des fjords isolés, ce qui en fait des vacances idéales pour les amateurs d'adrénaline.

7. Recherche et éducation dans l'Arctique : Svalbard est un centre de recherche et d'éducation dans l'Arctique. Le

changement climatique, les écosystèmes arctiques et la recherche au Centre universitaire de Svalbard (UNIS) font partie des sujets abordés par les visiteurs.

8. L'existence du Seed Vault mondial, communément appelé « Doomsday Vault », atteste de l'importance mondiale du Svalbard. Bien qu'il ne soit pas accessible au public pour des excursions, son importance dans la conservation de la variété végétale en fait une incitation incontournable à explorer la région.

9. Découvrez la combinaison culturelle inhabituelle des influences norvégiennes et russes dans des villages tels que Longyearbyen et Barentsburg, qui offrent une vue fascinante sur la vie dans l'extrême nord.

10. Le Svalbard se concentre de plus en plus sur le tourisme durable, offrant aux touristes la possibilité de découvrir l'Arctique d'une manière écologiquement responsable. Cet accent garantit que l'environnement pur de la région est préservé pour les générations futures.

Chacun de ces facteurs souligne l'attrait distinct du Svalbard, ce qui en fait une destination exceptionnelle en 2024 pour les touristes en quête d'aventure, de beauté naturelle et d'une compréhension globale de l'écosystème arctique.

CHAPITRE UN

Histoire

Avec son relief rocheux et ses mers glaciales, l'île isolée du Svalbard a une histoire aussi intéressante que sa beauté. Le Svalbard a été découvert en 1596 par l'aventurier néerlandais Willem Barentsz et possède une riche histoire d'exploration, de chasse à la baleine et d'exploitation minière. C'était un sanctuaire pour les baleiniers et les trappeurs pendant des générations, avec ses mers regorgeant de baleines et ses terres grouillant de renards arctiques et d'ours polaires.

La découverte de réserves de charbon au début du XXe siècle a modifié le Svalbard. La Norvège et la Russie ont construit des communautés et des entreprises minières, renforçant ainsi leur domination. L'importance stratégique de l'archipel tout au long de la Seconde Guerre mondiale et de la guerre froide a encore plus brouillé son histoire. Le Traité du Svalbard de 1920 reconnaissait la souveraineté de la Norvège tout en étendant ses droits à d'autres États signataires, créant ainsi une structure politique unique qui continue d'avoir un impact sur la région jusqu'à ce jour.

Aperçu des régions

Le Svalbard est un archipel de l'océan Arctique situé entre la Norvège continentale et le pôle Nord. Elle est composée de nombreuses îles, dont la plus grande et la plus peuplée est le Spitzberg. Cette région est connue pour son climat rigoureux, avec des montagnes rocheuses, d'énormes glaciers et des calottes glaciaires polaires dominant le paysage.

L'archipel est situé à environ 1 200 kilomètres (746 miles) au nord du pôle Nord, ce qui en fait l'une des régions les plus peuplées du monde au nord. En raison de sa position à l'intérieur du cercle polaire arctique, Svalbard connaît la nuit polaire et le soleil de minuit, qui ont tous deux un impact significatif sur la vie et les activités. Le climat est principalement arctique, avec des changements provoqués par le courant de l'Atlantique Nord, le rendant plus doux que d'autres endroits situés à la même latitude.

Les particularités du Svalbard

Le Svalbard est un site d'une beauté époustouflante et d'une importance biologique, et pas simplement une autre escapade lointaine dans l'Arctique. Les visiteurs peuvent profiter d'une pure expérience sauvage dans un environnement pratiquement non perturbé par les activités humaines. Des scientifiques du monde entier se rendent dans l'archipel pour étudier son écologie et ses animaux uniques.

La faune du Svalbard est l'un de ses aspects les plus marquants. Les îles abritent une grande diversité d'animaux sauvages de l'Arctique, notamment des morses, des rennes, des renards arctiques et une grande diversité d'oiseaux marins, en plus du célèbre ours polaire. Le Svalbard est un laboratoire vivant de l'écologie arctique en raison de sa richesse et de ses règles environnementales strictes.

Le Svalbard est culturellement distinct. Longyearbyen, sa principale localité, est influencée par les cultures norvégienne et russe, créant ainsi un environnement culturel unique. L'existence du Svalbard Worldwide Seed Vault, un programme mondial de conservation des semences végétales, souligne l'importance de la région dans les efforts mondiaux de conservation.

L'attitude envers le tourisme au Svalbard est significative. Il fournit un exemple de tourisme durable et éthique en équilibrant la sensibilité écologique et l'exploration. Les visiteurs peuvent s'immerger dans l'environnement arctique tout en contribuant à sa préservation.

Culture

La culture du Svalbard est distincte, façonnée par son emplacement isolé dans l'Arctique, son histoire d'exploration et d'exploitation minière et sa position en tant que société multinationale et multiculturelle sous souveraineté norvégienne. Voici quelques caractéristiques importantes de la culture du Svalbard :

1. Communauté internationale :

Des personnes originaires de près de 50 pays vivent au Svalbard, contribuant ainsi à un environnement varié et cosmopolite.

Longyearbyen, la plus grande communauté, est un creuset de cultures, de langues et de coutumes.

2. Histoire minière :

Le Svalbard était autrefois une importante région minière, ce qui a eu un impact significatif sur son développement culturel et social.

Les vestiges miniers, tels que les anciennes mines et machines, constituent un aspect important de l'environnement et de la culture.

3. Éducation et recherche dans l'Arctique :

Le Svalbard possède une importante communauté scientifique attirée par son climat arctique distinctif.

Le Centre universitaire de Svalbard (UNIS) offre des possibilités d'enseignement supérieur et de recherche, attirant des étudiants et des experts du monde entier.

4. Aventure et culture de plein air :

Le climat rigoureux de l'Arctique, ainsi que les panoramas naturels à couper le souffle, favorisent une forte culture d'activités de plein air et d'exploration.

Le traîneau à chiens, la motoneige, la randonnée et les excursions sur les glaciers sont populaires et fortement ancrés dans la culture locale.

5. Préoccupations environnementales :

Les habitants du Svalbard sont extrêmement conscients des défis environnementaux dus à leur proximité avec des habitats arctiques vulnérables.

La législation et les actions quotidiennes accordent une grande importance à la durabilité et à la conservation.

6. Cuisine arctique :

Le climat arctique a inspiré la cuisine locale, qui comprend du poisson frais comme l'omble chevalier et la morue, ainsi que du gibier comme le renne.

En raison de l'isolement de l'île, ils doivent compter sur des produits importés, ce qui donne lieu à une combinaison fascinante de cuisines locales et étrangères.

7. Festivals et activités communautaires :

Malgré sa petite population, Svalbard a une vie communautaire florissante qui comprend des festivals et des événements tels que le Polar Jazz Festival, le Sun Festival (Solfestuka) et le Dark Season Blues Festival.

Ces festivités commémorent les éléments uniques de la vie dans l'Extrême-Arctique, en soulignant les changements saisonniers et en rassemblant la communauté.

8. Littérature et art :

Le Svalbard inspire un large éventail de manifestations créatives, de la photographie et de la peinture à la littérature qui explore sa solitude et sa beauté.

Le paysage rude et époustouflant a également servi de décor à plusieurs films et documentaires.

9. Résilience et adaptabilité :

En raison des conditions météorologiques terribles, de l'isolement et de l'obscurité pendant la nuit arctique, la vie au Svalbard nécessite flexibilité et ténacité.

La ville se distingue par son caractère fort et sa capacité à prospérer dans des circonstances difficiles.

La culture du Svalbard est une combinaison distincte d'influences mondiales, d'un lien étroit avec l'environnement arctique, d'une longue histoire d'exploration et d'exploitation minière et d'un fort sentiment de communauté. Le Svalbard n'est pas seulement une beauté naturelle, mais aussi une destination socioculturelle fascinante, grâce à sa riche tapisserie culturelle.

Habitants

La population du Svalbard est aussi distinctive et diversifiée que son territoire, avec un large mélange de pays, de professions et de modes de vie. Voici une liste des personnes qui vivent au Svalbard :

1. Données démographiques :

Le Svalbard compte entre 2 500 et 3 000 habitants en 2023.

Nationalités diverses : Bien que la majorité de la population soit norvégienne, les gens viennent de plus de 50 nations, ce qui en fait une ville véritablement cosmopolite.

2. Résidents de Norvège :

De nombreux Norvégiens travaillent dans le gouvernement, la recherche, l'éducation et le tourisme au Svalbard.

Ils sont essentiels à la préservation de la souveraineté norvégienne et à la gestion de l'archipel.

3. Communautés russes et ukrainiennes :

Les mineurs russes et ukrainiens représentaient autrefois une part importante de la population, notamment dans des communautés comme Barentsburg.

Ces colonies préservent leurs propres institutions culturelles et sociales, contribuant ainsi au tissu multiculturel du Svalbard.

4. Communauté académique et scientifique :

Le Svalbard attire des chercheurs et des experts du monde entier en raison de son climat arctique unique.

Le Centre universitaire de Svalbard (UNIS) accueille des étudiants et des professeurs étrangers, ce qui contribue à favoriser une atmosphère académique animée.

5. Travailleurs des secteurs du tourisme et des services :

L'activité touristique en expansion du Svalbard a attiré un large éventail de professionnels de l'hôtellerie, du guidage et du tourisme d'aventure.

Cette industrie est vitale pour l'économie locale et contribue au caractère cosmopolite des grandes villes.

6. Professionnels de la création et artistes :

Les artistes, photographes et cinéastes sont attirés par les paysages à couper le souffle et les conditions de lumière particulières.

Ces artistes contribuent à un milieu culturel en plein essor, souvent axé sur les thèmes de la nature, de la solitude et de la beauté arctique.

7. Résidents de longue durée et familles :

Malgré son éloignement, plusieurs familles et individus ont décidé de faire du Svalbard leur résidence permanente.

Ces citoyens sont au cœur de la ville et participent aux écoles, aux entreprises et aux événements sociaux.

8. Explorateurs et aventuriers :

La difficulté et la beauté du climat arctique poussent les aventuriers et les explorateurs au Svalbard.

Beaucoup de ces personnes participent à des voyages, à des activités de plein air et à des activités de militantisme environnemental.

9. Administration et gouvernement :

Les autorités et le personnel administratif norvégiens jouent un rôle essentiel dans la gestion de l'archipel, de la logistique et des infrastructures à la protection de l'environnement.

10. Conservateurs et militants écologistes :

Compte tenu de l'importance biologique de l'Arctique, de nombreux habitants de la région s'intéressent activement aux initiatives de conservation et de recherche environnementales.

Les habitants du Svalbard forment une société distincte et soudée, définie par la variété, la persévérance et une appréciation commune de l'environnement arctique. Leurs origines diverses et leurs motivations pour visiter le Svalbard s'ajoutent à une tapisserie culturelle complexe, rendant le côté humain du Svalbard aussi intéressant que sa beauté naturelle.

Ressources naturelles

Le Svalbard, un archipel d'îles de l'océan Arctique, est riche en ressources naturelles et présente des caractéristiques environnementales uniques. Voici un aperçu des principales ressources trouvées au Svalbard :

1. Extraction du charbon :

L'extraction du charbon a toujours été la principale activité du Svalbard. Il existe de nombreuses mines de charbon sur l'archipel, mais le secteur a diminué ces dernières années en raison de préoccupations économiques et environnementales.

Longyearbyen et Barentsburg étaient initialement des villes minières.

2. Ressources marines et pêcheries :

Les mers autour du Svalbard regorgent de vie marine, comme la morue, l'aiglefin et l'omble chevalier. Ces pêcheries sont vitales pour la survie commerciale et locale.

En raison de sa position dans les mers arctiques riches en nutriments, l'archipel est idéal pour la recherche marine et les techniques de pêche durables.

3. Potentiel pour le pétrole et le gaz :

Les mers entourant le Svalbard recèlent un potentiel de gisements de pétrole et de gaz. Cependant, en raison des préoccupations environnementales et des traités internationaux, l'exploration et l'extraction sont soumises à des contrôles stricts.

4. Tourisme :

Le climat arctique unique du Svalbard, sa faune et son histoire polaire en font une destination attrayante pour l'écotourisme et le tourisme d'aventure. Cette industrie devient de plus en plus importante pour l'économie locale.

5. Éducation et recherche :

Le climat et la géologie distinctifs du Svalbard en font un excellent lieu d'études scientifiques, notamment en glaciologie, en météorologie et en biologie arctique.

Le Centre universitaire du Svalbard (UNIS) est un centre d'études et de recherche sur l'Arctique de renommée internationale.

6. Ressources pour les énergies renouvelables :

Le Svalbard possède un potentiel en matière de sources d'énergie renouvelables telles que l'électricité éolienne et solaire. Cependant, les conditions difficiles de l'Arctique rendent la mise en œuvre et la fiabilité difficiles.

7. Biodiversité et faune :

Les ours polaires, les rennes, les renards arctiques et une variété d'espèces d'oiseaux marins habitent l'archipel. Ces ressources naturelles sont essentielles à la conservation de la biodiversité et à l'étude écologique.

La préservation de ces espèces et de leurs habitats est essentielle à la préservation de l'équilibre écologique et revêt une importance environnementale mondiale.

8. Ressources d'eau douce et glaciaires :

Les glaciers du Svalbard sont d'importantes sources d'eau douce et jouent un rôle essentiel dans la compréhension du changement climatique mondial et de l'élévation du niveau de la mer.

9. Ressources culturelles et historiques :

Les sites historiques associés à l'exploration, à la chasse à la baleine et à l'exploitation minière de l'Arctique constituent d'importants trésors culturels. D'anciennes communautés minières, des stations de recherche et des sites historiques en font partie.

10. La Chambre forte semencière mondiale :

Le Svalbard Worldwide Seed Vault est une ressource mondiale cruciale pour la préservation des variétés phytogénétiques. Il conserve des échantillons de semences du monde entier par mesure de précaution contre les catastrophes agricoles mondiales.

Les ressources du Svalbard comprennent des atouts naturels et écologiques uniques d'importance mondiale, en plus de leur valeur économique. Compte tenu de la fragilité de l'écologie arctique et des effets du changement climatique, la gestion durable de ces ressources est essentielle.

Gouvernement

L'administration du Svalbard est inhabituelle en raison de son emplacement, de son histoire et de son importance internationale. Bien qu'elle fasse partie de la Norvège, son administration est contrôlée à la fois par la loi norvégienne et par les conditions du Traité du Svalbard de 1920. Voici un résumé de sa structure gouvernementale :

1. Souveraineté :

Le Svalbard est entièrement sous souveraineté norvégienne, mais le Traité du Svalbard de 1920 accorde certains droits aux résidents et aux entreprises des pays signataires. Le traitement non discriminatoire dans les affaires, la pêche, la chasse et les ressources naturelles fait partie de ces droits.

2. Traité du Svalbard :

Signé en 1920, le Traité du Svalbard affirme la souveraineté norvégienne sur l'archipel tout en établissant des règles spécifiques pour son utilisation et son administration.

Ce pacte a été signé par environ 40 pays en 2023.

3. Gouvernement municipal :

La principale colonie de Longyearbyen est gouvernée par un gouvernement local, le Conseil communautaire de Longyearbyen. Cette autorité supervise les services et infrastructures locaux de la même manière que le fait une municipalité du continent norvégien.

Le gouvernement norvégien est représenté par le gouverneur du Svalbard (Sysselmannen). L'application de la loi, les efforts de recherche et de sauvetage et la gestion de l'environnement sont toutes des responsabilités du gouverneur.

4. Règlements environnementaux :

Pour sauvegarder son habitat délicat, le Svalbard dispose d'une législation environnementale stricte. La chasse, la pêche, le tourisme et la recherche scientifique sont tous régis par ces règles.

5. Contrôle de l'activité économique :

Bien que le Traité du Svalbard autorise l'activité économique, celle-ci est régie par la loi norvégienne. Pour garantir des pratiques durables, la Norvège impose des taxes et contrôle les activités minières, touristiques et autres.

6. Coopération internationale et recherche :

Le Svalbard sert de centre scientifique international pour l'Arctique. Le gouvernement norvégien, ainsi que d'autres organisations internationales, financent la recherche scientifique dans ce domaine.

7. Objectifs nationaux et internationaux :

La Norvège trouve un équilibre entre les intérêts nationaux et les engagements contractuels pour garantir que le Svalbard reste une zone de paix et de collaboration scientifique.

L'importance géopolitique du Svalbard, en particulier dans le contexte de la zone arctique, a un impact sur ses pratiques de gouvernance.

8. Sécurité et défense :

Le traité du Svalbard démilitarise l'archipel, même si la Norvège reste responsable de sa défense et de sa sécurité. L'armée norvégienne est présente en petit nombre et s'occupe principalement de missions de souveraineté et de sauvetage.

9. Immigration :

Bien qu'aucun visa ne soit requis pour accéder au Svalbard, y vivre et y travailler est régi par la loi norvégienne. Les personnes qui déménagent au Svalbard doivent généralement fournir une preuve de soutien financier.

10. Services d'infrastructure et de soutien :

Le gouvernement norvégien, via le conseil local ainsi que le bureau du gouverneur, par exemple, propose des services importants tels que la santé, l'éducation et l'entretien des infrastructures. Ces services sont adaptés aux besoins spécifiques de la communauté du Svalbard.

La gouvernance du Svalbard est une combinaison délicate entre la souveraineté norvégienne, les engagements issus des traités internationaux et les facteurs environnementaux et géopolitiques uniques de la région arctique. Il s'agit d'un paradigme de collaboration mondiale, notamment dans la recherche environnementale et scientifique. Malgré son éloignement, le Svalbard est géré en mettant l'accent sur le développement à long terme et le maintien de la paix dans l'Extrême-Arctique.

Andréa Frost

CHAPITRE DEUX
Se préparer pour votre voyage

En raison de son climat arctique unique et de son emplacement inaccessible, l'organisation d'un voyage au Svalbard nécessite une réflexion considérable. Voici les mesures et conseils importants pour garantir un voyage sûr et agréable :

1. Documents de voyage :

Passeport : Assurez-vous que votre passeport est valide pour la durée de votre visite.

Bien qu'il n'y ait pas d'obligation de visa pour le Svalbard, vous transiterez très certainement par la Norvège, qui peut avoir besoin d'un visa Schengen selon votre pays.

2. Assurance voyage et maladie :

Investissez dans une assurance voyage complète qui comprend une couverture pour les urgences médicales, l'évacuation et les activités spécifiques à l'Arctique.

Vérifiez si des vaccins ou des précautions sanitaires sont nécessaires.

3. Météo et vêtements :

Habillez-vous en plusieurs couches, car le temps arctique est imprévisible. Des sous-vêtements thermiques, des couches polaires, une couche extérieure imperméable et coupe-vent et des accessoires chauds (bonnet, gants, écharpe) sont tous recommandés.

Des bottes imperméables et isolées sont nécessaires par temps froid et neigeux.

4. Réservations de voyage et d'hébergement :

Vols : La majorité des voyageurs arrivent au Svalbard via Oslo ou Tromso. Planifiez vos vols bien à l'avance.

Les options d'hébergement comprennent des hôtels et des maisons d'hôtes. Réservez tôt, surtout pendant la haute saison.

5. Lois locales et sécurité :

Protection des ours polaires : les ours polaires constituent une menace majeure au Svalbard. Envisagez des voyages avec des guides professionnels et familiarisez-vous avec les exigences de sécurité.

Des réglementations environnementales strictes protègent l'écologie délicate du Svalbard. Comprenez et suivez ces exigences.

6. Dépenses et monnaie :

La monnaie utilisée est la couronne norvégienne (NOK). Les cartes de crédit sont communément acceptées, mais il est recommandé d'avoir suffisamment d'argent liquide en main.

Étant donné que la plupart des produits sont importés, attendez-vous à des prix plus élevés.

7. Services d'urgence et de soins de santé :

Comprenez les établissements de santé limités du Svalbard et comment obtenir un traitement d'urgence si nécessaire.

8. Communications :

Vérifiez auprès de votre opérateur mobile pour connaître la couverture du Svalbard. La plupart des hôtels et des lieux publics proposent une connexion Wi-Fi gratuite.

9. Excursions et activités :

Réservez à l'avance des activités comme le traîneau à chiens, la motoneige et les croisières en bateau.

Pensez à embaucher des guides locaux pour des expériences en plein air pour plus de sécurité et de plaisir.

10. Bagages et équipement :

Préparez un sac à dos pour les sorties.

Prévoyez des lunettes de soleil et de la crème solaire en cas de neige éblouissante et réfléchissante.

11. Compréhension culturelle :

Pour agrémenter vos vacances, découvrez l'histoire et la culture du Svalbard.

Respectez les traditions locales et la communauté multinationale qui y vit.

12. Préoccupations environnementales :

Voyagez de manière responsable en minimisant les déchets, en restant sur les sentiers indiqués et en respectant les animaux et les environnements naturels.

Voyager au Svalbard est une expérience qui demande plus de planification que des vacances régulières. Vous pouvez garantir un voyage mémorable et sûr dans l'un des endroits les plus spectaculaires du monde en planifiant bien, en respectant les lois locales et l'environnement, et en vous préparant aux conditions arctiques.

Le meilleur moment pour visiter

La période idéale pour visiter le Svalbard dépend de ce que vous souhaitez voir et faire pendant vos vacances puisque l'archipel offre une variété de paysages et d'activités tout au long de l'année. Voici un aperçu des choses à espérer tout au long de l'année :

1. De novembre à février :

Aurores boréales : le meilleur moment pour observer les superbes aurores boréales est maintenant.

Nuit polaire : Le Svalbard subit une obscurité de 24 heures de fin novembre à fin janvier, connue sous le nom de nuit polaire.

Promenades en traîneau à chiens, excursions en motoneige, découvertes de grottes de glace et ski font partie des activités proposées.

Les températures extrêmes et les courtes heures d'ensoleillement sont des facteurs à prendre en compte. Convient à ceux qui préfèrent les sports d'hiver et qui ne craignent pas d'être dans le noir.

2. De mars à mai :

Augmentation de la lumière du jour : avec le retour du soleil, les journées s'allongent, ce qui est parfait pour les activités de plein air.

Les conditions d'enneigement sont encore propices aux activités hivernales comme le traîneau à chiens et la motoneige.

La saison d'observation de la faune commence, avec des espèces telles que les ours polaires, les phoques et les rennes devenant plus actives.

Considérations : C'est une excellente période pour les personnes qui souhaitent profiter des sports d'hiver avec plus de lumière du jour.

3. Mois d'été (juin à août) :

Soleil de minuit : lumière du jour 24 heures sur 24, offrant de nombreuses possibilités d'exploration.

Températures plus chaudes : Bien qu'encore fraîche, c'est la période la plus chaude de l'année au Svalbard.

Randonnées pédestres, kayak, croisières en bateau pour observer les glaciers et les animaux, ainsi que l'observation des oiseaux font partie des activités proposées.

Faune : Il y a de bonnes chances de voir des ours polaires, des morses et une variété d'oiseaux.

Flore : Les fleurs d'été et la verdure fleurissent dans la toundra.

Considérations : Ce voyage est idéal pour les personnes qui souhaitent découvrir l'été arctique, les animaux et les paysages inhabituels.

4. De septembre à octobre :

Aurores boréales : à mesure que les soirées s'assombrissent, les chances de voir des aurores boréales augmentent.

Les belles couleurs automnales et les premières chutes de neige modifient le paysage.

Moins de touristes : Moins encombré qu'en été, offrant une expérience plus paisible.

Considérations : Il s'agit d'une phase de transition pour les personnes qui aiment les températures plus basses et moins de touristes.

Visite de novembre à février pour les activités hivernales et les aurores boréales.

De mars à mai, les paysages enneigés sont propices à la lumière du jour.

Choisissez de juin à août pour le soleil de minuit, la randonnée et la faune.

De septembre à octobre pour des couleurs automnales et des visites plus calmes.

Chaque saison au Svalbard offre une expérience distincte, de la majesté éthérée des aurores boréales aux jours illimités du soleil de minuit. Votre décision sera influencée par vos intérêts et les choses que vous souhaitez voir et faire dans cette magnifique région arctique.

Sélection des meilleurs hébergements

Choisir les hébergements appropriés au Svalbard est essentiel pour un séjour agréable et heureux. Compte tenu de l'emplacement éloigné et de l'environnement inhabituel, quelques variables critiques doivent être prises en compte :

1. Emplacement :

Longyearbyen est la colonie la plus peuplée, avec une variété d'hôtels, de maisons d'hôtes et d'auberges. C'est l'endroit idéal pour se rendre dans les restaurants, les magasins et les voyagistes.

Pensez à séjourner dans ce village russe pour une expérience plus influencée par la Russie.

Lodges éloignés : Pour ceux qui souhaitent s'isoler et se rapprocher de la nature, il existe quelques lodges et chalets éloignés. Pensez à l'accessibilité et à l'isolement.

2. Type d'hébergement :

Les hôtels de Longyearbyen varient du basique au luxueux, offrant confort et commodité avec une variété d'équipements.

Maisons d'hôtes et auberges : choix moins chers avec des commodités communes et une ambiance agréable.

Pour une expérience arctique plus rustique et authentique, choisissez des chalets et des pavillons. Idéal pour les amateurs de plein air et les amoureux de la nature.

3. Services et commodités :

Vérifiez la disponibilité d'équipements importants comme le Wi-Fi, les alternatives alimentaires et la blanchisserie, en particulier si vous restez pour une durée prolongée.

Certains motels peuvent inclure des extras tels que des saunas, des excursions guidées et la location d'équipement.

4. Attractions et activités à proximité :

Pensez à l'accessibilité de l'hôtel aux activités et attractions que vous souhaitez voir, comme les promenades sur les glaciers, les excursions avec les animaux ou les sites culturels.

5. Réservations à l'avance :

Le Svalbard peut devenir extrêmement fréquenté pendant les hautes saisons (été et pendant la saison des aurores boréales), alors planifiez à l'avance.

6. Budget :

Faites votre budget à l'avance, car les coûts au Svalbard pourraient être plus élevés que sur le continent en raison de sa position isolée.

7. Impact environnemental et durabilité :

Envisagez des hébergements respectueux de l'environnement qui pratiquent un tourisme durable et sont sensibles à l'environnement du Svalbard.

8. Voyages de groupe :

Si vous voyagez seul, en couple, en famille ou en groupe, vos options peuvent changer. Des installations pour les familles ou des lieux sociaux pour visiteurs seuls peuvent enrichir votre séjour.

9. Recommandations et avis :

Pour avoir une véritable idée de la qualité et de la pertinence de l'hôtel, lisez les critiques et obtenez les suggestions des clients précédents.

Votre hébergement à Svalbard doit refléter votre style de voyage, votre budget et le type d'expérience que vous souhaitez. Que vous choisissiez le confort d'un hôtel de Longyearbyen, l'excitation d'un lodge isolé ou le prix abordable d'une auberge de jeunesse, assurez-vous qu'il constitue une base agréable pour vos explorations de l'Arctique. N'oubliez pas qu'en raison des circonstances uniques et difficiles du Svalbard, le choix du logement approprié est un aspect essentiel de votre expérience de vacances.

Conditions d'entrée et visas

Les restrictions de visa et d'admission du Svalbard sont inhabituelles en raison de sa position exceptionnelle au regard du droit international. Voici ce que vous devez savoir :

1. Traité du Svalbard :

Le Traité du Svalbard régit le Svalbard et permet aux habitants des pays signataires de vivre et de travailler au Svalbard sans visa.

Cependant, cela ne permet pas l'admission automatique en Norvège continentale ou dans d'autres pays de l'espace Schengen.

2. Entrée sur le continent norvégien :

La majorité des visiteurs du Svalbard passent par la Norvège continentale, membre de l'espace Schengen.

Visa Schengen : Si vous avez besoin d'un visa pour entrer dans l'espace Schengen, vous devez en faire la demande avant votre visite. Ce visa vous permettra de vous rendre au Svalbard via la Norvège.

Pays sans visa : Si vous venez d'un pays exempté de visa de l'espace Schengen, vous n'aurez pas besoin de visa pour de courtes visites.

3.Documents :

Passeport : Vérifiez que votre passeport est valide pour la durée de votre visite. Certains pays exigent que votre passeport soit valable au moins six mois après votre date de départ prévue de l'espace Schengen.

Billet retour : Il pourra vous être demandé de présenter un justificatif de voyage ultérieur ou un billet retour.

Preuve de fonds suffisants : il vous sera peut-être demandé de démontrer que vous disposez de fonds suffisants pour maintenir votre séjour.

4. Travailler et vivre au Svalbard :

Bien qu'aucun permis de séjour ni visa de travail ne soit requis, vous devez être en mesure de subvenir à vos besoins. Le Svalbard dispose de peu d'installations médicales et d'aucun système de protection sociale pour sa population.

Avant votre arrivée, un logement et un emploi doivent être acquis.

5. Réglementations et douanes :

Le Svalbard n'étant pas membre de l'UE ni de l'espace douanier Schengen, les lois relatives à l'importation et à l'exportation de produits diffèrent de celles de la Norvège continentale.

6. Assurance voyage et maladie :

Les services médicaux au Svalbard étant limités, il est fortement conseillé de souscrire une assurance voyage complète couvrant les urgences médicales et l'évacuation.

Bien que le Svalbard n'ait pas besoin de visa pour y accéder, il est essentiel de se conformer aux exigences de visa et d'entrée de la Norvège ou des autres pays Schengen par lesquels vous pouvez voyager. Avant votre voyage, vérifiez toujours les avertissements de voyage et les conditions d'entrée les plus récents, car les lois sur l'immigration peuvent changer.

Langue et monnaie

Comprendre la monnaie et les facteurs linguistiques est essentiel pour un séjour agréable au Svalbard :

Le Svalbard a sa monnaie

1. NOK (couronne norvégienne) :

La monnaie officielle du Svalbard est la couronne norvégienne (NOK).

Malgré son éloignement, le Svalbard utilise la même monnaie que le reste de la Norvège.

2. Espèces et cartes de crédit :

Au Svalbard, notamment à Longyearbyen, les cartes de crédit et de débit sont couramment acceptées. Cela inclut les hôtels, les restaurants et la grande majorité des prestataires de voyages.

Cependant, c'est une bonne idée d'avoir de l'argent supplémentaire en main pour des achats mineurs, en particulier lorsque vous visitez des lieux isolés ou que vous visitez des entreprises qui n'acceptent pas les cartes.

3. Distributeurs automatiques :

Longyearbyen dispose de distributeurs automatiques où vous pouvez retirer de l'argent.

Avant de venir au Svalbard, c'est une bonne idée de retirer de l'argent en Norvège continentale.

4. Conversion de devises :

Les devises peuvent être échangées dans les banques du continent norvégien ou à l'aéroport.

Les services de change sont restreints à Longyearbyen.

5. Tarifs :

En raison de l'éloignement et des frais de transport, attendez-vous à des prix plus élevés pour les produits et services par rapport à la Norvège continentale.

La langue du Svalbard

1. Norvégien :

La langue officielle est le norvégien et toutes les communications et panneaux officiels sont en norvégien.

La majorité des autochtones, en particulier ceux occupant des postes publics, parlent couramment l'anglais.

2. Anglais :

L'anglais est largement parlé et compris, notamment dans les secteurs touristique et scientifique.

Lorsqu'ils parlent anglais, les visiteurs ne devraient avoir aucun obstacle linguistique majeur.

3. Russe :

Le russe est largement parlé à Barentsburg et dans les villages russes adjacents.

Les visiteurs qui parlent russe trouveront très facile d'interagir dans ces régions.

4. Quartier multilingue :

D'autres langues sont parlées dans toute la communauté en raison du caractère multinational de la population du Svalbard.

Avec le Svalbard, vous pouvez facilement effectuer des transactions avec la couronne norvégienne et les cartes de crédit et de débit sont généralement acceptées. Bien que le norvégien soit la langue officielle, l'anglais est largement parlé, permettant à la plupart des touristes étrangers de communiquer facilement. Pour enrichir votre expérience culturelle, c'est généralement une bonne idée d'apprendre quelques mots norvégiens fondamentaux.

Proposition de budget

En raison de son éloignement et de la nature des activités proposées, budgétiser un voyage au Svalbard nécessite de prendre en compte plusieurs considérations. Les prix peuvent être plus élevés que dans de nombreux autres endroits. Voici une suggestion de plan budgétaire, divisé en plusieurs catégories de dépenses :

1. Vols :

Vols depuis la Norvège continentale : Les vols les plus populaires partent d'Oslo ou de Troms. Les prix varient considérablement en fonction de la saison et du moment de la réservation. Un billet aller-retour devrait coûter entre 150 et 500 EUR.

2. Hébergement :

Options budgétaires : les auberges et les maisons d'hôtes peuvent varier entre 50 et 100 EUR par nuit.

Les hôtels standards coûtent normalement entre 100 et 200 EUR par nuit.

Luxe : les hôtels haut de gamme et les lodges de luxe peuvent facturer jusqu'à 200 EUR par nuit.

3. Restauration et nourriture :

20-50 EUR par jour pour l'épicerie et la restauration.

Manger au restaurant : prévoyez environ 30 à 100 EUR par jour, en tenant compte de l'augmentation des dépenses de restauration.

4. Au sein du Svalbard, les transports sont les suivants :

Les navettes aéroport et les bus locaux sont tous deux raisonnablement bon marché. Prévoyez environ 10 à 20 EUR par jour.

Location de voiture : Comptez 60 à 120 EUR par jour si vous louez une voiture.

5. Visites et activités :

Visites guidées : Selon l'activité, les excursions d'une journée et les activités guidées telles que les balades en traîneau à chiens, les balades en motoneige ou les croisières en bateau peuvent coûter entre 100 et 300 EUR.

Les excursions plus spécialisées ou de plus longue durée, comme les visites d'une nuit ou les safaris animaliers, peuvent coûter plusieurs centaines d'euros.

6. Location de matériel :

Si vous avez besoin de louer du matériel de plein air, prévoyez de dépenser environ 20 à 50 EUR par jour.

7. Souvenirs et autres objets :

Budget entre 20 et 50 EUR, selon vos habitudes de dépenses.

8. Protection de voyage :

N'oubliez pas de souscrire une assurance voyage adéquate. Selon la couverture, le trajet peut coûter entre 30 et 100 EUR.

Exemple de budget quotidien :

Budget Traveler : Entre 100 et 150 EUR par jour.

Milieu de gamme : environ 150 à 300 EUR par jour.

Luxe : 300 EUR par jour et plus.

Suggestions budgétaires :

Réservez à l'avance : ceci est particulièrement important pour les vols et l'hébergement.

Voyages hors saison : Pour moins de frais, envisagez de voyager hors saison.

Restauration autonome : si possible, économisez de l'argent sur l'épicerie en préparant vos repas.

Choisissez judicieusement vos activités : comparez les voyages coûteux avec des activités gratuites telles que la randonnée ou la visite de Longyearbyen.

Votre budget pour Svalbard sera fortement influencé par votre style de voyage, vos activités et votre degré de confort. Compte tenu de l'augmentation des frais de subsistance et du type d'activités, c'est une bonne idée de fixer un budget un peu plus important que pour d'autres endroits.

Suggestions pour économiser de l'argent

Voyager au Svalbard peut être une expérience unique, mais cela peut aussi être coûteux en raison de son emplacement éloigné et de la nature des activités disponibles. Voici quelques suggestions d'économies pour vous aider à prendre les meilleures décisions pour vos vacances sans vous ruiner :

1. Planifiez et réservez à l'avance :

Vols et hébergement : réserver à l'avance peut généralement entraîner une baisse des coûts. Gardez un œil sur les offres spéciales et les économies.

Visites et activités : les réservations anticipées peuvent également donner droit à des réductions pour les réservations anticipées.

2. Voyager pendant les saisons intermédiaires :

Pensez à y aller hors saison (fin du printemps ou début de l'automne). Les vols et l'hébergement sont souvent moins chers et les îles sont moins fréquentées.

3. Considérez les aménagements budgétaires suivants :

Pensez aux auberges, aux maisons d'hôtes ou aux hôtels à bas prix. Certains peuvent avoir une cuisine, ce qui vous permet d'économiser de l'argent sur les repas.

Envisagez un hébergement commun, qui pourrait être moins cher que les chambres privées.

4. Restauration autonome :

Contrairement aux repas au restaurant, faire l'épicerie et préparer vos repas peut permettre d'économiser une somme d'argent substantielle.

5. Enquêter sur les activités gratuites :

La randonnée, l'observation des oiseaux et la visite de la ville de Longyearbyen et de ses environs sont toutes des activités gratuites ou à faible coût au Svalbard.

Visitez des musées locaux ou des lieux historiques, qui peuvent offrir une entrée gratuite ou à faible coût.

6. Utilisez les transports en commun :

Utilisez les bus locaux ou même les vélos pour les distances plus courtes au lieu de louer un véhicule. C'est non seulement moins cher, mais aussi meilleur pour l'environnement.

7. Excursions et visites pour groupes :

Les excursions de groupe pour des activités telles que la randonnée sur glacier, les promenades en bateau et les safaris animaliers peuvent être moins coûteuses que les excursions individuelles.

8. Location d'équipement localement :

Si vous avez besoin d'un équipement unique pour vos activités, la location sur place peut être moins coûteuse que l'achat d'un nouvel équipement ou le paiement de frais de bagages supplémentaires pour l'emporter avec vous.

9. Évitez de faire des achats impulsifs :

Les souvenirs et les achats spontanés peuvent vite s'accumuler. Établissez un budget pour ces coûts et respectez-le.

10. Tenez-vous au courant des offres spéciales :

Les entreprises locales ou les voyagistes peuvent parfois proposer des offres ou des réductions de dernière minute, en particulier pendant les saisons creuses.

11. Protection de voyage :

Assurez-vous d'avoir suffisamment d'assurance voyage. Cela peut sembler une dépense inutile, mais cela peut vous faire économiser beaucoup d'argent en cas d'imprévu ou d'urgence.

Visiter le Svalbard avec un budget limité demande une préparation minutieuse et des décisions judicieuses, mais c'est sûrement faisable. Vous pouvez profiter de vacances arctiques économiques mais enrichissantes en priorisant vos dépenses, en profitant des offres et en appréciant la beauté naturelle et les activités gratuites proposées.

Meilleurs endroits pour réserver vos vacances

La réservation de votre voyage à Svalbard peut être effectuée via une variété de plateformes et de services, chacun avec son propre ensemble d'avantages. Voici quelques suggestions pour réserver différentes composantes de votre voyage :

1. Réservation d'un vol :

Agences de voyages en ligne (OTA) : des sites Web tels qu'Expedia, Skyscanner et Kayak vous permettent de comparer les tarifs des vols.

Sites Web officiels des compagnies aériennes : visitez les sites Web des compagnies aériennes qui desservent le Svalbard, tels que Norwegian Airlines (SAS) et Norwegian Air Shuttle.

2. Hébergement :

Booking.com et Hotels.com : ces sites Web proposent un large choix d'alternatives d'hébergement à Svalbard, des hôtels aux maisons d'hôtes, avec des avis d'utilisateurs et des options de réservation flexibles.

Airbnb : Airbnb pourrait être une excellente alternative pour des logements plus insolites ou plus économiques.

Sites Web directs des hôtels : la réservation directement via le site Web d'un hôtel peut parfois offrir les meilleurs prix ou des promotions spéciales.

3. Circuits à forfait :

Tour-opérateurs locaux : les sites Web des agences de voyages locales du Svalbard proposent souvent des forfaits sur mesure comprenant l'hébergement, les activités et, dans certains cas, le transport.

Recherchez des entreprises spécialisées dans les voyages dans l'Arctique ou d'aventure, comme G Adventures ou Intrepid Travel.

4. Réservations d'activités et d'excursions :

GetYourGuide et Viator : ces plateformes proposent un large éventail de visites et d'activités locales, ainsi que des avis et une simple réservation en ligne.

Sites Web des agences de voyages locales : il peut être préférable de réserver directement auprès des opérateurs locaux pour des activités spécialisées telles que le traîneau à chiens, la motoneige ou les safaris animaliers.

5. Agences de voyages :

Agences de voyages traditionnelles : Si vous souhaitez planifier tous vos voyages au même endroit, envisagez de faire appel à une agence de voyages. Ils peuvent organiser des vols, des hôtels et des visites, ainsi que fournir des conseils spécialisés.

6. Tour-opérateurs spécialisés dans l'Arctique :

Les agences de voyages Polar peuvent fournir des conseils professionnels et des itinéraires sur mesure pour des destinations telles que le Svalbard.

7. Forums et blogs sur les voyages :

TripAdvisor et les blogs de voyage peuvent fournir des idées et des conseils sur les endroits où séjourner et ce qu'il faut inclure dans votre emploi du temps.

8. Compagnies d'assurance :

N'oubliez pas de souscrire une assurance voyage. Comparez les options d'entreprises telles que World Nomads et de vos assureurs locaux.

Conseils de réservation :

Comparez les prix : comparez les prix et les alternatives sur plusieurs plateformes.

Lire les avis des clients : examinez les avis des clients pour déterminer la qualité et la fiabilité des services.

Vérifiez la flexibilité : recherchez des alternatives de réservation flexibles et permettant des ajustements ou des annulations.

Réservations anticipées : réservez longtemps à l'avance, en particulier pendant les saisons de voyage chargées au Svalbard.

Recherchez des offres exceptionnelles : Gardez un œil sur les offres exceptionnelles, notamment hors saison.

Le site idéal pour organiser vos vacances au Svalbard est déterminé par vos choix en matière de commodité, de prix abordable et du type d'expérience que vous désirez. Des vacances bien organisées et agréables peuvent être obtenues en combinant des plateformes Internet, des réservations directes et éventuellement les connaissances d'une agence de voyages, notamment spécialisée dans le tourisme arctique.

La liste de colisage ultime

En raison de son environnement arctique distinct et de ses activités de plein air, préparer son voyage au Svalbard nécessite une planification minutieuse. Voici une liste de colisage pour vous aider à vous préparer :

1. Vêtements :

Sous-vêtements thermiques : couches de base supérieure et inférieure.

Couches isolantes : Pulls et pantalons en polaire ou en laine.

Couches extérieures : Une veste et un pantalon de bonne qualité, imperméables et coupe-vent.

Les chaussettes en laine ou thermiques sont idéales pour garder vos pieds au chaud.

Chaussures durables : bottes imperméables et isolées pour temps froid.

Des gants ou des mitaines imperméables sont préférables.

Une protection contre le vent et le froid est assurée par un bonnet et une écharpe chauds.

Un maillot de bain est obligatoire si vous souhaitez fréquenter un sauna ou une source chaude.

2. Équipement et équipement :

Les sorties et excursions d'une journée nécessitent un sac à dos.

Lunettes de soleil : La neige réfléchissante offre une excellente protection UV.

Crème solaire et baume à lèvres : FPS élevé, car le soleil peut être dur même en hiver.

Pour rester hydraté, utilisez une bouteille d'eau réutilisable.

3. Électronique :

Appareil photo avec piles supplémentaires : les conditions froides peuvent épuiser rapidement les piles.

Vérifiez la compatibilité de votre téléphone et de votre chargeur avec le réseau du Svalbard.

La Norvège utilise des prises de type F, alors emportez un adaptateur si nécessaire.

4. Effets personnels :

Articles de toilette, y compris une crème hydratante pour temps sec et froid.

Des médicaments et une trousse de premiers soins de base sont inclus.

Passeport, visa (si nécessaire), documents d'assurance voyage et toute confirmation de réservation.

5. Articles spécialisés (selon l'activité) :

Jumelles : Pour observer les animaux.

Pendant la Nuit Polaire, une lampe frontale ou une lampe de poche vous sera utile.

Bâtons de randonnée : si vous avez l'intention de faire de la randonnée.

Fiole thermique : Utilisée pour garder les boissons au chaud.

Suppléments en option:

Pour la lecture de loisir, utilisez des livres ou des liseuses.

Carnet et stylo : Pour noter vos observations.

Collations : elles sont particulièrement importantes pour les longs voyages ou randonnées.

Conseils:

La superposition est cruciale : comme le temps peut changer rapidement, le port de plusieurs couches est essentiel.

Les sacs étanches sont utiles pour protéger les gadgets et les papiers vitaux.

Vérifiez les restrictions de bagages pour les vols et les voyages.

Options de location : pour réduire l'espace réservé aux bagages, envisagez de louer des objets plus lourds ou plus volumineux au Svalbard.

Donnez la priorité aux biens qui vous garderont au chaud, au sec et à l'aise dans les conditions arctiques lors de votre préparation pour le Svalbard. Soyez toujours prêt à affronter des conditions météorologiques changeantes et assurez-vous d'avoir tout ce dont vous avez besoin pour les activités auxquelles vous souhaitez participer. N'oubliez pas que dans un environnement aussi éloigné et aussi rigoureux, il vaut mieux être trop préparé que pas assez.

Assurance voyage et santé

Compte tenu de l'éloignement et de la difficulté du climat, les voyages et l'assurance maladie sont des éléments essentiels pour organiser un voyage au Svalbard. Voici quelques éléments à prendre en compte lors de la planification de votre assurance :

1. Pourquoi avez-vous besoin d'une assurance Svalbard :

Le Svalbard dispose de peu de services médicaux en raison de son éloignement. En cas de maladie ou d'accident grave, une évacuation vers la Norvège continentale est nécessaire, ce qui peut s'avérer très coûteux.

Sports d'aventure : de nombreux visiteurs visitent le Svalbard pour participer à des sports à risque tels que le traîneau à chiens, la motoneige et la randonnée sur glacier. Les accidents résultant de ces activités peuvent être couverts par une assurance.

Conditions météorologiques extrêmes : Des conditions météorologiques imprévisibles et extrêmes peuvent entraîner des annulations de voyage, des retards ou des urgences.

2. Protection de voyage :

Annulation et interruption de vacances : offre une couverture pour les dépenses engagées si vos vacances sont annulées ou écourtées en raison de circonstances imprévues.

Perte ou retard de bagages : Ceci est important si vos bagages sont perdus, volés ou retardés.

Retards de vol et correspondances manquées : parce que les vols à destination et en provenance du Svalbard dépendent des conditions météorologiques.

3. Couverture santé :

Couverture médicale : assurez-vous qu'elle inclut les soins médicaux et les séjours hospitaliers en Norvège.

Le Svalbard nécessite une évacuation et un rapatriement d'urgence. Les évacuations en cas de crise médicale peuvent être extrêmement coûteuses.

Assistance d'urgence 24h/24 et 7j/7 : Services d'assistance en cas d'urgence.

4. Que rechercher dans une police d'assurance :

Couverture des activités : assurez-vous que votre assurance couvre les activités que vous souhaitez exercer au Svalbard.

Limites de couverture : sélectionnez une police d'assurance comportant des frais médicaux élevés et des limites de couverture en cas d'évacuation.

Exclusions : Comprenez ce qui n'est pas couvert. Certaines activités aventureuses ou conditions préexistantes peuvent être interdites en vertu de certaines politiques.

5. Comment sélectionner un fournisseur de services :

Réputation et avis : recherchez des fournisseurs ayant des commentaires positifs de la part des clients et d'excellents antécédents en matière de gestion des réclamations.

Support client : les fournisseurs doivent fournir un bon service client, en particulier en cas d'urgence.

Personnalisation : Certains assureurs vous permettent d'adapter la couverture à vos besoins uniques.

6. Suggestions supplémentaires :

Lisez les petits caractères : comprenez les conditions, les restrictions et les exclusions de votre police.

Conservez une preuve d'assurance : apportez des papiers avec vous pendant vos vacances.

Examinez vos polices actuelles : vos avantages actuels en matière d'assurance maladie ou de carte de crédit peuvent offrir un certain degré d'assurance voyage. Vérifiez ce qui a déjà été couvert.

Compte tenu des difficultés particulières liées à la visite du Svalbard, une assurance voyage et maladie adéquate est indispensable. Cela procure non seulement une tranquillité d'esprit, mais garantit également que vous êtes prêt à faire face à diverses situations imprévues. Prenez soin d'enquêter et de choisir la politique qui convient le mieux à la nature de votre voyage ainsi qu'à vos besoins particuliers.

Comprendre la météo

Comprendre le climat du Svalbard est essentiel pour bien planifier votre visite. Le Svalbard connaît des conditions de température arctique qui varient considérablement selon les saisons :

1. Caractéristiques générales du climat :

Climat du Haut-Arctique : Le Svalbard présente des caractéristiques climatiques polaires, avec des hivers longs et rigoureux et des étés courts et froids.

Soleil de minuit et nuit polaire : De fin avril à fin août, l'archipel bénéficie d'un ensoleillement continu (Soleil de Minuit), tandis que de fin octobre à mi-février, il connaît une obscurité continue (Nuit Polaire).

2. De novembre à février :

Nuit polaire : Pendant cette période, l'obscurité totale règne.

Les températures varient de -12°C à -16°C (10°F à 3°F) en moyenne, mais peuvent plonger plus bas.

Météo : froid et neigeux, avec parfois des tempêtes et de fortes rafales.

3. De mars à mai :

Période de transition : Le soleil revient et les heures de clarté augmentent rapidement.

Les températures augmentent progressivement mais restent en dessous de zéro, se situant en moyenne entre -14°C et -4°C (7°F et 25°F).

Conditions météorologiques : Il y a encore de la neige au sol, mais l'ensoleillement accru en fait une période populaire pour les activités liées à la neige.

4. Mois d'été (juin à août) :

Le soleil de minuit est une période continue de lumière du jour.

Température : La saison la plus chaude, avec des températures allant de 3°C à 7°C (37°F à 45°F), avec des maximales de 10°C (50°F) à l'occasion.

Météo : Avec la fonte des neiges, l'environnement devient plus accessible pour la randonnée et l'observation des animaux. Cependant, avec le brouillard et la pluie, la météo peut encore être imprévisible.

5. De septembre à octobre :

Transition vers l'obscurité : le nombre d'heures de clarté diminue rapidement.

Les températures commencent à baisser, se situant en moyenne entre -2°C et 3°C (28°F et 37°F).

Conditions météorologiques : La neige est revenue et le paysage est revenu aux conditions hivernales. C'est une saison plus lente pour les touristes.

6. Vent et précipitations :

Le Svalbard est généralement sec, la neige représentant la majorité des précipitations.

Le vent peut avoir un impact majeur, particulièrement en hiver, entraînant une baisse des températures.

7. Nature et végétation :

De nombreuses espèces, comme les ours polaires, les phoques et les oiseaux marins, deviennent plus actives et plus visibles pendant les mois d'été en raison du changement climatique.

Durant le court été, la végétation est rare mais peut être luxuriante à certains endroits.

8. Différences régionales :

Au sein de l'archipel, il existe des microclimats. En raison du courant de l'Atlantique Nord, la côte ouest est plus chaude, tandis que la côte est est plus froide et plus sèche.

Les visiteurs doivent être préparés à des conditions météorologiques difficiles et changeantes lors de leur visite au Svalbard. Toute l'année, une tenue et un équipement appropriés sont requis. Des spectaculaires aurores boréales pendant la nuit polaire à la faune animée et au soleil de minuit en été, l'environnement arctique offre une variété d'expériences au fil des saisons.

Andréa Frost

CHAPITRE TROIS
Comment se rendre au Svalbard et en revenir

En raison de sa situation isolée dans l'Arctique, voyager vers et autour du Svalbard nécessite certaines préoccupations particulières. Voici un guide pour vous y rendre et naviguer dans l'archipel :

Comment se rendre au Svalbard :

Par avion:

Le principal moyen de transport vers le Svalbard est l'avion. Des vols réguliers depuis la Norvège continentale vers le seul aéroport commercial du Svalbard, l'aéroport du Svalbard, Longyear (LYR), à Longyearbyen, sont disponibles.

Les vols sont accessibles depuis Oslo et Tromso en Norvège. Norwegian Airlines (SAS) et Norwegian Air Shuttle sont les principales compagnies aériennes.

Considérations pour les saisons :

Les horaires de vol peuvent être plus restreints pendant les mois d'hiver, il est donc essentiel de réserver tôt.

Retards météorologiques : les vols peuvent être retardés ou annulés en raison des conditions météorologiques, en particulier en hiver.

Par la mer:

Pendant les mois d'été, plusieurs visiteurs viennent en bateau de croisière. Ces croisières partent généralement du continent norvégien ou d'autres régions de l'Arctique.

Comment se déplacer au Svalbard :

Les environs de Longyearbyen :

Longyearbyen est suffisamment petite pour pouvoir être explorée à pied.

Des taxis sont disponibles et peuvent être réservés par téléphone ou dans les hôtels.

Voitures de location : des services de location de voitures sont disponibles, mais le réseau routier est limité.

Dans l'intervalle entre les règlements :

Motoneiges : Les motoneiges sont un moyen de transport courant entre les villages tout au long de l'hiver.

Bateaux : Les bateaux sont utilisés pour longer le rivage et vers d'autres parties de l'archipel pendant l'été.

Comme il n'existe pas d'autoroute reliant les principales communautés, les déplacements terrestres en dehors de Longyearbyen nécessitent parfois l'utilisation de véhicules spéciaux ou d'excursions guidées.

Visites avec un guide :

Pour les voyages en dehors de Longyearbyen, de nombreux clients choisissent des visites guidées. Ces voyages incluent le transport et sont préparés pour gérer les difficultés spécifiques des voyages dans l'Arctique.

Considérations particulières :

Ours polaires : En raison de la possibilité de rencontrer des ours polaires, les voyages indépendants en dehors des villes ne sont pas encouragés. Voyagez avec un guide ou en circuit organisé à tout moment.

Permis : des permis du gouverneur du Svalbard peuvent être nécessaires pour certains types d'excursions ou de voyages lointains.

Suggestions de voyage :

Planifiez à l'avance : ceci est particulièrement important pour les vols et toute exigence de transport unique.

Vérifiez la météo et les conditions saisonnières qui peuvent avoir un impact sur vos projets de vacances.

Donnez la priorité à la sécurité, en particulier lorsque vous vous adonnez à des activités de plein air ou que vous visitez des zones rurales.

Voyager vers et autour du Svalbard nécessite une préparation minutieuse et une compréhension des caractéristiques distinctives de l'environnement arctique. Bien que Longyearbyen dispose d'un certain confort urbain, certaines régions du Svalbard ont besoin de moyens de transport spécialisés et d'excursions guidées pour gérer le terrain difficile et assurer la sécurité.

Transports au Svalbard

Compte tenu de sa situation isolée dans l'Arctique, l'avion est le principal moyen de transport vers le Svalbard. Voici un aperçu plus approfondi :

1. Par avion :

Principaux aéroports de transit :

La méthode la plus fréquente pour se rendre au Svalbard est de se rendre à Oslo (OSL) ou à Troms (TOS) en Norvège continentale.

Billets pour Svalbard :

Vous pouvez voler d'Oslo ou de Troms à l'aéroport de Svalbard, Longyear (LYR), situé près de Longyearbyen, la plus grande ville du Svalbard.

Le trajet d'Oslo à Svalbard prend environ 3 heures, tandis que celui de Troms prend environ 1,5 heure.

Vols opérés par des compagnies aériennes :

Scandinavie Airlines (SAS) et Norwegian Air Shuttle sont les deux compagnies aériennes qui desservent régulièrement le Svalbard.

Réservation et fréquence :

Les vols sont accessibles toute l'année, cependant la fréquence varie selon la saison.

Les vols doivent être réservés longtemps à l'avance, en particulier pendant les hautes saisons touristiques comme la saison d'observation des aurores boréales (de la fin de l'automne au début du printemps) et la saison du soleil de minuit (de la fin du printemps au début de l'automne).

Considérations relatives à la météo :

Les vols peuvent être retardés ou annulés en raison des conditions météorologiques sévères et imprévisibles du Svalbard, notamment en hiver.

2. Par mer :

Lignes de croisière:

Le Svalbard est également accessible par voie maritime, principalement par bateau de croisière pendant les mois d'été.

Ces croisières partent souvent de la Norvège continentale et peuvent visiter d'autres sites arctiques.

Considérations relatives aux voyages en mer :

Les voyages en mer sont affectés par les conditions météorologiques et les glaces, ce qui les rend moins prévisibles.

Rappels importants :

Vérifiez les exigences en matière de visa : Si vous avez besoin d'un visa Schengen pour la Norvège, assurez-vous de l'obtenir avant votre voyage, car vous transiterez par la Norvège continentale.

Assurance voyage : en raison de l'éloignement du Svalbard et de la possibilité d'interruptions de voyage, assurez-vous de disposer d'une assurance voyage adéquate couvrant les retards et les annulations de voyage.

Préparez-vous à la connexion : effectuez toutes les communications ou préparations nécessaires pendant le transport, en particulier à Troms ou à Oslo, car la connexion peut être restreinte au Svalbard.

L'avion est le moyen le plus pratique et le plus habituel pour se rendre au Svalbard, les principaux ports de transit étant Oslo et Troms. Un voyage confortable vers cette région arctique inhabituelle nécessite une préparation, la prise en compte des interruptions météorologiques inattendues et des documents de voyage adéquats.

Options de transport local

En raison du climat arctique lointain et inhabituel, les choix de transports locaux au Svalbard, en particulier à Longyearbyen et dans ses environs, sont assez limités par rapport aux grandes villes. Voici les principaux moyens de transport :

1. À pied :

Marche : Longyearbyen étant une petite communauté, de nombreux endroits peuvent être atteints à pied. C'est un moyen pratique et populaire de se déplacer lors de votre visite, en particulier dans le centre-ville.

2. Compagnies de taxis :

Taxis : Des taxis sont disponibles à Longyearbyen et peuvent être appelés ou pré-réservés par téléphone. Ils constituent un mode de transport utile, particulièrement par temps froid ou pour les longs déplacements à l'intérieur de la communauté.

3. Location de véhicules :

Location d'automobiles : Longyearbyen propose quelques options de location d'automobiles. Il convient toutefois de noter que le réseau routier est limité à la région autour de la ville.

Important : assurez-vous d'être à l'aise pour conduire dans des conditions arctiques, particulièrement en hiver.

4. Vélos :

Location de vélos : Louer un vélo pendant l'été peut être une façon amusante d'explorer Longyearbyen et ses environs.

5. Motoneiges :

Motoneiges : les motoneiges sont un moyen de transport populaire et viable en hiver pour les longs voyages et l'exploration en dehors de Longyearbyen. Des locations sont disponibles, mais vous devez être expérimenté ou faire une visite guidée.

6. Transports publics :

Longyearbyen dispose d'un service de bus public limité qui dessert principalement des itinéraires particuliers tels que l'aéroport, les instituts de recherche et les attractions touristiques.

7. Bateaux :

Croisières en bateau : Des croisières en bateau sont proposées tout l'été pour découvrir le littoral et les fjords. Plutôt que des transports conventionnels, ils sont souvent planifiés sous forme de voyages guidés.

8. Visites avec un guide :

Les excursions sont populaires parmi les clients, en particulier ceux qui voyagent en dehors de Longyearbyen. Le transport est souvent inclus dans le prix de ces voyages.

9. Protection des ours polaires :

N'oubliez pas de garder les ours polaires à l'esprit lorsque vous vous aventurez en dehors des communautés. Il est fortement conseillé de partir avec un guide ou en groupe pour des raisons de sécurité.

10. Il n'y a pas de routes reliant les colonies :

Puisqu'il n'y a pas de routes reliant les différentes communautés du Svalbard, le transport entre elles se fait normalement par avion, bateau (en été) ou motoneige (en hiver).

Le transport local du Svalbard est adapté à son environnement arctique et à son emplacement isolé. La marche et les taxis sont des modes de transport efficaces à Longyearbyen, mais des véhicules de location, des motos et des motoneiges peuvent être utilisés pour certaines raisons ou saisons. Au-delà de Longyearbyen, les voyages programmés avec transport sont souvent la meilleure alternative et la plus sûre. Mettez toujours l'accent sur la sécurité, particulièrement en présence d'ours polaires et de conditions météorologiques défavorables.

Conseils pour se déplacer à Longyearbyen

En raison de son contexte arctique inhabituel, naviguer à Longyearbyen, la ville principale du Svalbard, peut être une expérience fascinante. Voici quelques conseils pour vous aider à naviguer et profiter de votre voyage dans le Grand Nord :

1. Tenue vestimentaire appropriée :

Vêtements superposés : Même en été, les températures peuvent baisser. Portez des couches que vous pouvez ajouter et supprimer selon vos besoins.

Les manteaux imperméables et coupe-vent, ainsi que les casques, les gants et les bottes solides, sont importants, particulièrement en hiver.

2. Maintenir la sensibilisation aux ours polaires :

En dehors des communautés, les ours polaires peuvent constituer une menace sérieuse. Si vous souhaitez explorer en dehors de la ville, partez toujours avec un guide expert doté d'un équipement de protection contre les ours polaires.

3. Se promener en ville :

Longyearbyen est une petite ville facilement accessible à pied. La majorité des services publics, restaurants et magasins sont accessibles à pied.

En hiver, faites attention aux surfaces glissantes. Des crampons à glace ou des crampons pour chaussures peuvent être utiles.

4. Utilisez les transports en commun :

Des taxis sont disponibles et peuvent être réservés par téléphone. Ils constituent une solution pratique pour les voyages plus longs ou pour transporter des sacs.

Les voitures de location sont utiles pour une exploration plus autonome de la région environnante. Gardez à l'esprit que le réseau routier est limité.

5. Les lois et coutumes locales doivent être respectées :

Préoccupations environnementales : Svalbard est soucieux de l'environnement. Pour réduire votre effet, respectez les réglementations locales.

Respectez la communauté locale et son mode de vie en étant culturellement sensible.

6. Restez en contact :

Le Wi-Fi est disponible dans de nombreux hôtels, cafés et bâtiments publics.

Vérifiez auprès de votre fournisseur de services concernant la couverture. L'itinérance peut être coûteuse.

7. Enquêtez sur les attractions locales :

Le musée du Svalbard, le musée de l'expédition au pôle Nord et l'église du Svalbard valent tous le détour.

Savourez la cuisine arctique dans les cafés et restaurants locaux.

8. Soyez prêt en cas d'urgence :

Sachez où se trouvent l'hôpital et les services d'urgence. Gardez les numéros de téléphone essentiels à portée de main.

9. Fournitures et achats :

Longyearbyen comprend une variété d'entreprises vendant de la nourriture, des articles de plein air et des souvenirs. Les prix peuvent être plus élevés que sur le continent norvégien.

10. Planifiez vos activités :

Les visites et activités doivent être réservées à l'avance, en particulier pendant la haute saison.

11. Cartes et espèces :

Bien que les cartes de crédit soient généralement acceptées, disposer d'un supplément de couronnes norvégiennes pour les petits endroits ou les urgences est une bonne idée.

12. Tenez-vous à jour :

Recherchez les événements actuels, les mises à jour météorologiques et tout avertissement spécial dans les annonces locales et les centres d'information.

En raison de sa petite taille, Longyearbyen est raisonnablement facile à naviguer, mais il est nécessaire d'être conscient de son environnement arctique distinct et de ses traditions locales. Une visite bien préparée et réfléchie dans cet étonnant hameau arctique garantira une expérience sûre et heureuse.

CHAPITRE QUATRE
Réglementation et sécurité

En raison du climat arctique isolé et rigoureux, la sécurité et le respect de la législation locale sont cruciaux lors d'une visite au Svalbard. Voici une liste de contrôle pour vous aider à effectuer une visite sûre et légale :

1. Protection des ours polaires :

Les ours polaires constituent un danger réel et présent en dehors de la civilisation. Gardez une distance de sécurité avec eux à tout moment.

À la sortie des zones établies, il est nécessaire d'être accompagné d'un guide ou d'avoir sur soi une protection adéquate contre l'ours polaire (comme un fusil), mais il faut être éduqué sur son utilisation.

2. Défense environnementale :

Respecter les animaux : Évitez de déranger les animaux. Gardez un espace sûr et respectueux entre vous et les animaux.

Ne laissez aucune trace pour protéger la nature. Éliminez tous les déchets et éliminez-les de manière appropriée.

Respectez les itinéraires : lors de vos randonnées, restez sur les itinéraires identifiés pour protéger les plantes sensibles.

3. Habillement approprié à la météo :

Conditions météorologiques extrêmes : Préparez-vous à des changements soudains de temps. Habillez-vous en couches et ayez à portée de main des vêtements imperméables et coupe-vent.

Risque d'hypothermie : Une tenue vestimentaire appropriée est essentielle pour éviter l'hypothermie, en particulier lors de la participation à des activités de plein air.

4. Règlements concernant les armes à feu :

Les armes à feu ne sont utilisées que pour se défendre contre les ours polaires, pas pour chasser. Vous devez être compétent et bien connaître leur application.

Déclaration et autorisations : Déclarez toute arme à feu et vérifiez que vous disposez des autorisations requises à l'aéroport.

5. Consommation d'alcool :

Les règles en matière d'alcool au Svalbard sont strictes. Faites attention aux règles d'achat et de consommation locales.

6. Urgences et soins de santé :

Les établissements de santé sont limités : Les établissements de santé sont limités. En cas d'urgence médicale majeure, une évacuation vers la Norvège continentale peut être nécessaire.

Connaissez vos numéros d'urgence locaux (112 pour la police, 113 pour les situations médicales).

7. Protection de voyage :

Couverture complète : Assurez-vous que votre assurance voyage comprend une couverture d'évacuation et de sauvetage, car elles peuvent être très coûteuses dans des régions aussi éloignées.

8. Règles de conduite et de route :

Réseau routier : Longyearbyen dispose d'un réseau routier modeste. Respectez le code de la route local et conduisez prudemment, surtout en hiver.

9. Les coutumes et lois locales doivent être respectées :

Soyez sensible à la culture : respectez la communauté locale et ses coutumes.

La conformité juridique consiste à connaître et à respecter les règles et réglementations locales.

10. Confidentialité et photographie :

Avant de photographier des personnes locales ou une propriété privée, obtenez toujours la permission.

La sécurité du Svalbard est principalement déterminée par la planification et le respect de la législation environnementale et municipale. Être conscient des dangers, notamment ceux présentés par les animaux et l'environnement, et suivre les recommandations de sécurité garantiront un moment sûr et agréable dans cette région arctique unique en son genre.

Protection des ours polaires

La sécurité des ours polaires est une préoccupation majeure au Svalbard, car ces magnifiques créatures sont à la fois mortelles et imprévisibles. Les éléments suivants sont des considérations essentielles pour assurer la sécurité des ours polaires :

1. Préparation et sensibilisation :

Comprendre le danger : les ours polaires peuvent être trouvés partout en dehors des communautés du Svalbard et ils représentent une menace considérable pour les humains.

Lisez toujours les règles et avertissements locaux concernant l'activité des ours polaires dans la région pour être informé.

2. Prévenir les rencontres :

Maintenez une distance de sécurité : Si vous repérez un ours polaire, gardez une distance de sécurité. Ne vous approchez jamais trop près d'un ours.

Faites du bruit pour vous dissuader lorsque vous vous rendez dans des endroits où des ours peuvent être présents. Les ours évitent souvent les gens et le bruit peut les aider à détecter votre présence.

3. Voyager en groupe

Voyager en groupe est plus sûr que voyager seul, car les ours sont moins susceptibles de s'approcher d'un groupe.

4. Emportez l'équipement de sécurité suivant :

Armes à feu : le port d'une arme est une nécessité légale lorsque l'on sort des colonies, mais il ne doit être utilisé qu'en dernière option. Vous devez être formé pour l'utiliser.

Les moyens de dissuasion non mortels contre les ours comprennent les pistolets lance-fusées et les vaporisateurs anti-ours.

5. Visites avec un guide :

Voyagez avec un guide local qui connaît la protection des ours polaires et comprend comment gérer une rencontre dans la mesure du possible.

6. Conseils de sécurité en camping :

Installez votre camp dans des régions moins susceptibles d'être fréquentées par les ours. La nourriture doit être stockée dans des contenants à l'épreuve des ours et les installations de cuisine doivent être distinctes des espaces de couchage.

Surveillances d'ours : Certaines organisations mettent en place des surveillances d'ours lorsque les gens restent debout à tour de rôle pour rechercher des ours.

7. Sachez quoi faire en cas d'urgence :

Courir : Courir peut provoquer une réaction de poursuite. Reculez prudemment et parlez calmement et fermement.

Si un ours s'approche, utilisez des moyens de dissuasion tels qu'un pulvérisateur à ours ou des pistolets lance-fusées. N'utilisez une arme qu'en dernier recours, et seulement si votre vie est en danger imminent.

8. Les ours polaires ne devraient jamais être nourris :

Ne nourrissez pas les ours polaires : Nourrir les ours polaires est à la fois dangereux et illégal. Cela soulève la possibilité de futurs affrontements nuisibles entre humains et ours.

9. Les observations doivent être signalées comme suit :

Avertir les autorités : Dès que possible, signalez toute observation d'ours polaire aux autorités locales.

10. Formation et éducation :

Préparez-vous : avant de vous rendre au Svalbard, découvrez les habitudes et les précautions de sécurité des ours polaires. De nombreuses agences de voyages proposent des séances d'information sur la sécurité.

Sur le territoire des ours polaires, le respect et la prudence sont de mise. Les précautions sont en place non seulement pour votre sécurité, mais aussi pour la survie de ces charmantes créatures. Suivre ces conseils vous aidera à garantir un voyage en toute sécurité au Svalbard.

Considérations pour l'environnement

En raison de la fragilité de l'écologie arctique et des effets du changement climatique, les préoccupations environnementales sont cruciales au Svalbard. Voici quelques facteurs cruciaux à retenir pour réduire votre impact environnemental lors de votre visite :

1. La faune doit être respectée :

Gardez une distance de sécurité : évitez d'agiter les animaux. Maintenez une distance de sécurité avec les animaux pour éviter le stress et les changements de comportement.

Nourrir les animaux est interdit car cela pourrait modifier leurs habitudes alimentaires normales et conduire à des rencontres dangereuses entre humains et animaux.

2. Ne laissez jamais de trace :

Emballez les déchets : sortez tous vos déchets, même les produits biodégradables. Les déchets peuvent mettre en danger les animaux et contaminer l'environnement naturel.

Restez sur les sentiers : lors de vos randonnées, restez sur les sentiers reconnus pour éviter d'endommager les plantes sensibles et de créer une érosion des sols.

3. Réduire les perturbations :

Plaisir tranquille : évitez de déranger les animaux et la tranquillité naturelle des environs en réduisant le bruit au minimum.

Lorsque vous photographiez des animaux, utilisez des zooms plutôt que de vous approcher trop près.

4. Sites d'intérêt culturel et historique :

Préservation du site : évitez de perturber les lieux historiques, les reliques ou les monuments culturels. Ceux-ci sont légalement protégés.

5. Consommation d'énergie et d'eau :

Conserver les ressources : Soyez prudent quant à votre consommation d'énergie et d'eau. Les ressources dans des endroits aussi éloignés sont souvent rares et coûteuses à produire.

6. Alternatives pour des voyages durables :

Choisissez des circuits respectueux de l'environnement : encouragez les voyagistes et les hébergements à adopter un tourisme durable avec un faible impact environnemental.

Compensation carbone : pensez aux programmes de compensation carbone pour compenser l'impact environnemental de vos voyages en avion.

7. Biosécurité :

Assurez-vous que vos vêtements et votre équipement sont exempts de graines ou de saletés susceptibles d'introduire des organismes non indigènes dans l'environnement.

Vérifiez la réglementation : soyez conscient de toute exigence de biosécurité ou de quarantaine pour introduire des articles spécifiques au Svalbard.

8. Réglementation de la pêche et de la chasse :

Respectez la loi : Si vous allez à la pêche ou à la chasse, assurez-vous de comprendre et de respecter toutes les restrictions locales.

9. Éducation pour l'environnement :

Apprenez-en davantage sur l'écosystème : passez du temps à en apprendre davantage sur l'environnement arctique et sur la manière dont vos actions peuvent l'affecter.

10. Participez à la science citoyenne :

Participer à la recherche : La participation à des projets de surveillance environnementale ou de recherche peut être disponible.

Conclusion:

Les visiteurs du Svalbard ont la responsabilité de protéger l'environnement unique et vulnérable de l'île. En adhérant à ces lignes directrices, vous pouvez contribuer à garantir que la beauté naturelle et l'intégrité écologique de la région sont préservées pour les générations futures.

Coutumes et lois locales

Comprendre et respecter les lois et coutumes locales est essentiel pour un voyage agréable et sans problème au Svalbard. Considérez les points clés suivants :

1. Règlements environnementaux :

Des réglementations strictes : Pour protéger son écosystème fragile, le Svalbard dispose de lois environnementales strictes. Cela inclut des limitations quant aux endroits où vous pouvez voyager, camper et vous comporter dans la nature.

Interdiction de jeter des déchets : Il est strictement interdit de jeter des déchets ou des détritus dans la nature.

2. Protection des ours polaires et armes à feu :

Port d'armes à feu : Lorsque vous vous aventurez à l'extérieur des colonies, il est courant de porter des armes à feu pour vous protéger contre les ours polaires. Vous devez cependant être formé et familier avec leur utilisation, et les armes à feu ne doivent être utilisées qu'en dernier recours.

Signalement de l'utilisation : toute utilisation d'armes à feu doit être signalée immédiatement aux autorités locales.

3. Politiques en matière d'alcool :

Les ventes d'alcool sont restreintes, avec des quotas sur la quantité que les particuliers peuvent acheter.

Âge légal pour boire : L'âge légal pour boire est de 18 ans pour les boissons contenant jusqu'à 22 % d'alcool et de 20 ans pour les pourcentages plus élevés.

4. Sensibilisation culturelle :

Petites communautés : Longyearbyen et d'autres colonies du Svalbard comptent de petites communautés très unies. Il est apprécié d'être respectueux et poli envers les locaux.

Respect de la vie privée : Avant de photographier des personnes ou des propriétés privées, obtenez d'abord l'autorisation.

5. Aucun visa requis, mais conditions d'entrée :

Le Svalbard est sans visa, mais certaines nationalités peuvent avoir besoin d'un visa pour entrer en Norvège (un pays Schengen) en route vers le Svalbard.

Les visiteurs et les résidents devraient être autosuffisants en raison du système de protection sociale limité.

6. Règlements concernant la nature sauvage et les voyages :

Permis pour des activités spécifiques : Des permis ou des rapports au gouverneur du Svalbard peuvent être requis pour certaines activités dans la nature.

Visites guidées : Un guide est recommandé ou obligatoire pour de nombreuses activités de plein air, particulièrement dans les régions éloignées.

7. Règlement sur la circulation routière :

Règles de conduite : Bien qu'il existe un réseau routier limité à Longyearbyen, les règles de conduite norvégiennes standard s'appliquent. Conduisez prudemment et gardez à l'esprit les conditions arctiques.

8. Respect de la faune :

Aucune perturbation : Il est illégal de déranger la faune. Gardez une distance sécuritaire et respectueuse entre vous et tous les animaux.

9. Règlements du camping :

Le camping peut être limité à des zones spécifiques et nécessiter le respect de réglementations spécifiques.

10. Normes culturelles :

La culture locale est généralement informelle, avec une approche pratique de la vie dans un environnement arctique.

Le respect des lois locales et des coutumes est requis pour une expérience positive au Svalbard. Votre conscience et votre respect de ces aspects en tant que visiteur contribuent à préserver l'environnement et la communauté uniques de la région.

CHAPITRE CINQ
Alternatives pour l'hébergement

L'hébergement au Svalbard est diversifié et répond à une variété de goûts et de budgets. Voici un bref aperçu pour vous aider à décider où séjourner pendant votre aventure dans l'Arctique :

1. Hôtels :

Longyearbyen propose une large gamme d'hôtels, du budget au luxe. Beaucoup offrent des vues à couper le souffle, des équipements luxueux et un accès facile aux attractions locales.

Certains hôtels proposent des expériences uniques, telles que des salles d'observation des aurores boréales, une décoration d'inspiration arctique et des restaurants gastronomiques.

2. Chambres d'hôtes et chambres d'hôtes :

Confortable et personnel : envisagez les maisons d'hôtes ou les chambres d'hôtes pour une option plus intime et souvent moins chère.

Expérience locale : ces hébergements peuvent offrir une atmosphère chaleureuse ainsi que la possibilité d'interagir avec les habitants et d'autres voyageurs.

3. Auberges :

Les auberges sont idéales pour les voyageurs seuls ou pour ceux qui ont un budget limité. Ils fournissent des commodités de base et un hébergement partagé.

Les auberges peuvent être un endroit idéal pour rencontrer d'autres aventuriers et échanger des conseils et des histoires.

4. Cabines et appartements :

Hébergement indépendant : Pour les familles ou les groupes à la recherche de plus d'espace et d'options d'hébergement indépendant, la location d'un appartement ou d'un chalet peut être une bonne option.

Séjours plus longs : Cette option convient également à ceux qui envisagent de rester au Svalbard pendant une période prolongée.

5. Camps de terrain et stations de recherche :

Pour les scientifiques et les chercheurs : Certaines stations de recherche peuvent héberger des scientifiques et des chercheurs invités.

Séjourner dans une station de recherche peut offrir une perspective unique sur les travaux scientifiques effectués dans l'Arctique.

6. Lodges et camps d'aventure :

Expérience en pleine nature isolée : envisagez des camps ou des lodges en pleine nature situés à l'extérieur de Longyearbyen pour un séjour plus aventureux.

Activités incluses : Ces forfaits comprennent souvent des activités de plein air telles que du traîneau à chiens, de la randonnée ou des safaris animaliers.

7. Compagnies de croisière :

Hébergement flottant : certains visiteurs choisissent de séjourner sur des bateaux de croisière proposant des expéditions au Svalbard.

Tout compris : ce forfait comprend généralement l'hébergement, les repas et les excursions.

Suggestions d'hébergement :

Réservez à l'avance : ceci est particulièrement important pendant les hautes saisons (aurores boréales et soleil de minuit).

Considérez l'emplacement : à quelle distance vous êtes des activités et des attractions que vous souhaitez visiter.

Découvrez les équipements : le Wi-Fi, les salles de bains privatives et les options de restauration peuvent tous varier considérablement.

Comprendre la logistique : Comprendre les dispositions en matière de transport et de sécurité, surtout si vous séjournez en dehors de Longyearbyen.

Votre hébergement à Svalbard doit correspondre à votre budget, au type d'expérience que vous souhaitez et au niveau de confort dont vous avez besoin. Svalbard a quelque chose pour tout le monde, des maisons d'hôtes confortables aux camps aventureux en pleine nature.

Hôtels et lodges à Longyearbyen

Longyearbyen, la plus grande colonie du Svalbard, propose une variété d'hôtels et de lodges, chacun offrant une expérience unique. Voici quelques alternatives remarquables :

1. Hôtel Radisson Blu Polar :

Hôtel à service complet le plus au nord du monde, il offre un confort moderne avec une vue imprenable sur l'Arctique.

Un restaurant et un bar sur place, un sauna et un bain à remous extérieur sont disponibles.

Emplacement : Il bénéficie d'un emplacement central, ce qui facilite l'exploration de Longyearbyen et de ses attractions.

2. Hôtel & Lodge à Svalbard :

Svalbard Hotel : Situé au cœur de Longyearbyen, cet hôtel propose des chambres confortables et modernes.

Le Lodge : Des hébergements de style appartement plus spacieux sont disponibles pour des séjours plus longs ou des groupes.

Tous deux bénéficient d'un accès facile aux commodités et aux visites de la ville.

3. Camp de base de l'hôtel :

Décoré dans le style d'une loge de trappeur, avec du bois flotté, des peaux de phoque et de l'ardoise.

Respectueux de l'environnement : connu pour sa philosophie respectueuse de l'environnement et son atmosphère authentique du Svalbard.

L'hôtel est situé au cœur de Longyearbyen.

4. Le Funken Lodge :

Hébergement de luxe : offre un séjour luxueux et confortable avec une touche historique.

Un restaurant de haute qualité, une cave à vins bien garnie et des salons élégants sont disponibles.

Vues : La plupart des chambres offrent un aperçu panoramique des montagnes qui s'étendent au loin.

5. Cabanes pour mineurs de charbon :

Économique : Une option moins chère qui offre un séjour simple et rustique.

Charme historique : Il est situé sur le site d'une ancienne caserne de mineurs, ce qui ajoute à son caractère distinct.

Commodités : Il dispose d'un café et est situé un peu plus loin du centre-ville, offrant une atmosphère plus calme.

6. Pension Haugen du Svalbard :

Une petite maison d'hôtes familiale connue pour son atmosphère chaleureuse.

Gîte indépendant : Une cuisine commune est à votre disposition pour que vous puissiez préparer vos repas.

L'hôtel se trouve à quelques pas des principales attractions de la ville.

7. Maison d'hôtes 102 (Maison d'hôtes 102) :

Confortable et abordable : construit à l'origine pour les mineurs, il sert aujourd'hui de maison d'hôtes à faible coût.

Les installations comprennent des chambres privées et des dortoirs, ainsi qu'une cuisine commune.

Localisation : Un peu en dehors de la ville mais proche des montagnes.

Conseils de réservation :

Hautes saisons : planifiez à l'avance si vous souhaitez voir les aurores boréales en hiver ou le soleil de minuit en été.

Tenez compte de vos besoins : sélectionnez en fonction de votre budget, du niveau de confort souhaité et du type d'expérience (par exemple, luxe, écologique, historique).

Déterminez si vous souhaitez être au cœur de la ville ou dans une zone plus isolée.

Longyearbyen propose une variété d'options d'hébergement, allant des lodges luxueux aux maisons d'hôtes économiques, chacune avec son charme et ses équipements distincts. Que vous souhaitiez la commodité d'un hôtel moderne ou le charme rustique d'un lodge historique, vous le trouverez dans cette ville arctique.

Reste du budget

Il existe plusieurs options d'hébergement pour les visiteurs soucieux de leur budget au Svalbard, qui offrent confort et commodité sans se ruiner. Voici quelques options à bas prix à Longyearbyen :

1. Cabanes pour mineurs de charbon :

Ces cabanes, situées à Nybyen, à quelques pas du centre-ville, offrent une expérience plus abordable et authentique.

Les installations comprennent des chambres simples mais confortables, une salle de télévision commune et un café-bar qui sert des repas.

Comme ils ont été construits à l'origine pour les mineurs, l'atmosphère est rustique et riche en histoire.

2. Maison d'hôtes 102 (Maison d'hôtes 102) :

Cette maison d'hôtes de Nybyen propose des chambres privées et des dortoirs.

Les installations comprennent une cuisine commune indépendante, un espace commun et une connexion Wi-Fi gratuite.

Avantage : Endroit calme à proximité des sentiers de randonnée qui procure une expérience plus authentique.

3. Polarrigg de Mary-Ann :

À propos : Cette option unique et originale se déroule dans des plates-formes minières reconverties et offre une expérience arctique distincte.

L'établissement possède un salon, un bain à remous extérieur et un restaurant connu pour sa cuisine régionale.

Ambiance : Une atmosphère funky avec un mélange d'histoire et d'équipements modernes.

4. Auberge à Svalbard :

À propos : Il s'agit d'une option économique populaire proposant à la fois des chambres privées et des lits en dortoir.

Les installations comprennent une cuisine commune, des salles communes et une connexion Wi-Fi gratuite.

Emplacement : Grâce à son emplacement central, il est idéal pour explorer la ville et organiser des visites.

5. Camping à Longyearbyen :

Pendant l'été, le camping peut être une option rentable pour le voyageur aventureux.

Les équipements de base comprennent une cuisine et des salles de bains communes.

Considération : Vous devez être bien préparé aux conditions arctiques et conscient des dangers potentiels pour la sécurité, comme les ours polaires.

Hébergement économique

Réservez à l'avance : ceci est particulièrement important pendant les hautes saisons (été et saison des aurores boréales en hiver), car les options budgétaires peuvent rapidement se remplir.

Envisagez de vous restaurer : Choisir un hébergement avec cuisine peut vous aider à économiser de l'argent sur la nourriture.

Vérifiez les offres : Parfois, les voyages hors saison ou la réservation directement via le site Web de l'hébergement peuvent offrir de meilleurs tarifs.

Les hébergements économiques à Longyearbyen sont variés, allant des maisons d'hôtes et auberges traditionnelles à des options plus uniques comme des plates-formes minières reconverties. Bien qu'ils offrent des équipements de base, ils constituent une base chaleureuse et confortable pour votre aventure arctique, vous permettant de découvrir le Svalbard sans un prix élevé.

Expériences d'hébergement uniques

Le Svalbard propose des expériences d'hébergement vraiment uniques qui peuvent améliorer votre aventure dans l'Arctique. Voici plusieurs options qui se démarquent par leur particularité :

1. Camp de base de l'hôtel :

Thème : Conçu pour ressembler à une station de trappeur traditionnelle, avec du bois flotté, des peaux de phoque et de l'ardoise.

Ambiance : Cosy et intime, avec un fort accent sur les traditions des explorateurs de l'Arctique.

Emplacement : Idéalement situé à Longyearbyen, pratique pour les explorations locales.

2. Navire dans les glaces – Aurores boréales :

À propos : Un hôtel situé sur un bateau gelé dans les glaces de Tempelfjorden, disponible pendant les mois d'hiver.

Expérience : Occasion unique de séjourner sur un voilier historique entouré de la nature sauvage de l'Arctique.

Activités : traîneau à chiens, visites de grottes de glace et observation des aurores boréales.

3. Hôtel Isfjord Radio Adventure :

Emplacement : Situé à la station radio isolée d'Isfjord, à environ 90 km de Longyearbyen.

Caractéristiques : Confort moderne dans un cadre accidenté et isolé, avec vue panoramique sur le paysage arctique.

Accès : Accessible en bateau l'été et en motoneige ou en traîneau à chiens l'hiver.

4. Camp d'expéditions fauniques du Svalbard :

Camping aventure : offre une expérience de plein air plus robuste avec un hébergement en tente.

Emplacement : Situé dans les endroits magnifiques et sauvages autour du Svalbard, parfait pour les amoureux de la nature.

Activités : visites guidées pour observer la faune, randonnées sur glacier et explorations de fjords.

5. Le Funken Lodge :

Luxe : allie le luxe à l'histoire de l'Arctique, en proposant des chambres élégantes et une cuisine raffinée.

Vues : Images des montagnes et glaciers voisins.

Commodités : Comprend une cave à vin bien garnie et une cuisine locale et internationale de haute qualité.

6. Cabanes pour mineurs de charbon :

Charme historique : à l'origine un logement pour les mineurs, il offre désormais un séjour unique et économique.

Ambiance : rustique et simple, offrant une expérience authentique du Svalbard.

Équipements : restaurant et bar sur place, ainsi que des espaces communs pour se détendre.

7. Pension Haugen du Svalbard :

Homely Feel : Une petite maison d'hôtes familiale connue pour son environnement accueillant et agréable.

Gîte indépendant : cuisine commune pour les invités, ajoutant à une expérience comme à la maison loin de chez soi.

Emplacement : Quartier calme à quelques pas du centre de Longyearbyen.

Conseils pour réserver un hébergement unique :

Planification préalable : Ces hébergements uniques sont souvent très demandés, surtout pendant les hautes saisons, alors réservez longtemps à l'avance.

Considérations budgétaires : les prix peuvent varier considérablement, alors choisissez une option qui correspond à votre budget tout en offrant l'expérience que vous recherchez.

Accessibilité : réfléchissez à la manière dont vous atteindrez ces hébergements, car certains se trouvent dans des endroits éloignés nécessitant un transport spécial.

Séjourner dans l'un de ces hébergements uniques peut enrichir considérablement votre visite au Svalbard. Que vous recherchiez une expérience confortable et culturellement riche ou un séjour aventureux dans la nature, les hébergements uniques du Svalbard offrent des expériences inoubliables dans le contexte du magnifique environnement arctique.

Andréa Frost

CHAPITRE VI
Principales activités et attractions

Le Svalbard propose une gamme d'activités et d'attractions uniques qui s'adressent aux passionnés d'aventure, aux amoureux de la nature et à ceux qui s'intéressent à l'histoire et à la science de l'Arctique. Voici quelques-unes des meilleures expériences à ne pas manquer :

1. Observation des ours polaires et de la faune :

À propos : Le Svalbard est l'un des meilleurs endroits au monde pour observer des ours polaires dans leur habitat naturel.

Options : Participez à des excursions guidées en bateau ou à des expéditions spécifiquement destinées à l'observation de la faune, notamment des ours polaires, des morses, des renards arctiques et une variété d'oiseaux marins.

2. Traîneau à chiens :

Expérience : Un mode de transport traditionnel dans l'Arctique, offrant une façon authentique et passionnante d'explorer le paysage enneigé.

Quand : Disponible en hiver sur neige et en été sur roues.

3. Observation des aurores boréales (aurores boréales) :

Meilleur moment : De fin septembre à début avril, le ciel sombre et clair du Svalbard offre des conditions idéales pour l'observation des aurores boréales.

Visites : De nombreuses visites guidées sont disponibles, certaines vous emmenant même en motoneige ou en traîneau à chiens pour une expérience visuelle unique.

4. Excursions en motoneige :

Aventure : Explorez les vastes étendues sauvages de l'Arctique en motoneige, en visitant des glaciers, des fjords gelés et des régions isolées.

Visites guidées : disponibles pour les cavaliers débutants et expérimentés.

5. Visitez le Global Seed Vault :

Importance : Également connu sous le nom de « Doomsday Vault », il s'agit d'un référentiel mondial de semences destiné à sauvegarder la diversité végétale.

Accès : Même si le caveau lui-même n'est pas ouvert au public, son entrée et l'importance de sa mission méritent une visite.

6. Randonnée glaciaire :

Activité : Randonnée sur certains des superbes glaciers du Svalbard avec un guide pour explorer ces incroyables formations de glace en toute sécurité.

Sécurité : Les guides fournissent le matériel nécessaire et assurent la sécurité sur les glaciers.

7. Kayak :

Perspective unique : pagayez dans les eaux arctiques pour observer de plus près les fjords, les glaciers et la faune marine.

Activité d'été : principalement disponible pendant les mois d'été.

8. Musée du Svalbard :

Aperçu : découvrez l'histoire naturelle, la géologie et l'impact humain du Svalbard sur cet environnement arctique fragile.

Localisation : Situé à Longyearbyen.

9. Spéléologie sur glace :

Exploration souterraine : Aventurez-vous dans les grottes de glace situées sous les glaciers pour observer de superbes formations de glace et de cristaux.

Activité hivernale : principalement accessible en hiver.

10. Expérience du soleil de minuit :

Phénomène : De fin avril à fin août, profitez de 24 heures de lumière du jour, ce qui permet de prolonger les visites et les activités.

Conseils pour les activités

Réservez à l'avance : Surtout pendant la haute saison, il est conseillé de réserver les visites et les activités à l'avance.

Habillez-vous convenablement : assurez-vous d'avoir les vêtements et l'équipement appropriés pour les conditions arctiques.

Respectez les consignes de sécurité : Suivez toujours les consignes de sécurité fournies par vos guides, notamment pour les activités en zones reculées.

L'environnement arctique unique du Svalbard offre une gamme d'expériences extraordinaires, depuis les rencontres avec la faune et les phénomènes naturels jusqu'aux sports d'aventure et aux aperçus historiques. Que vous soyez à la recherche de sensations fortes ou désireux d'en apprendre davantage sur la vie arctique, Svalbard a quelque chose pour tout le monde.

Excursions d'observation des baleines

L'observation des baleines est une activité populaire et exaltante au Svalbard, offrant aux visiteurs la chance de voir ces magnifiques créatures dans leur habitat naturel arctique. Voici ce que vous devez savoir sur les excursions d'observation des baleines au Svalbard :

Meilleur moment pour observer les baleines :

Été et début de l'automne : La meilleure période pour observer les baleines au Svalbard est généralement de juin à septembre. Durant cette période, la fonte des glaces marines permet aux baleines d'accéder aux aires d'alimentation autour de l'archipel.

Types de baleines au Svalbard :

Béluga : Souvent observé autour des fjords et près du rivage.

Baleines bleues : les plus gros animaux de la planète, parfois aperçus dans les eaux du Svalbard.

Petits rorquals : couramment observés lors des excursions d'observation des baleines.

Baleines à bosse : connues pour leurs brèches spectaculaires et constituent souvent le point culminant des voyages d'observation des baleines.

Rorquals communs : la deuxième plus grande espèce de baleine, parfois observée dans la région.

Excursions d'observation des baleines :

Visites guidées en bateau : de nombreux opérateurs à Longyearbyen proposent des visites guidées en bateau qui vous emmènent dans des zones où les baleines sont couramment observées.

Bateaux semi-rigides : pour une expérience plus palpitante, certaines excursions utilisent des bateaux gonflables rigides (RIB) qui peuvent se déplacer rapidement vers les zones où des baleines ont été repérées.

Croisières d'expédition : certaines croisières d'expédition autour du Svalbard incluent l'observation des baleines dans le cadre de leur itinéraire.

À quoi s'attendre :

Distances respectueuses : Les excursions maintiennent une distance respectueuse avec les baleines pour éviter toute perturbation.

Guides expérimentés : fournissez des informations sur les baleines et leur comportement.

Durée : Les visites peuvent durer de quelques heures à une journée complète, selon le type de visite et l'entreprise.

Conseils pour l'observation des baleines :

Habillez-vous chaudement : Même en été, il peut faire froid sur l'eau. Habillez-vous en plusieurs couches et portez une veste coupe-vent.

Équipement photo : apportez un appareil photo avec un bon objectif zoom pour la photographie animalière.

Mal des transports : Si vous êtes sujet au mal de mer, pensez à prendre des médicaments au préalable.

Jumelles : Une paire de jumelles peut améliorer votre expérience visuelle.

Réservez à l'avance : Surtout pendant la haute saison touristique, il est conseillé de réserver votre visite à l'avance.

Conservation et sécurité :

Pratiques respectueuses de l'environnement : choisissez des prestataires de croisières qui adoptent des procédures respectueuses de l'environnement et respectent les directives en matière d'observation de la faune.

Briefings de sécurité : faites attention aux briefings de sécurité et aux instructions fournis par les voyagistes.

L'observation des baleines au Svalbard est une expérience remarquable, offrant l'occasion d'être témoin de la majesté de ces géants des océans au milieu du magnifique décor de l'Arctique. En choisissant des voyagistes responsables et en vous préparant aux conditions arctiques, vous pourrez vivre une rencontre inoubliable et respectueuse avec la faune.

Aventures de randonnée et de raquette

La randonnée et les raquettes sont des moyens fantastiques d'explorer les paysages arctiques uniques du Svalbard. Qu'il s'agisse de traverser la toundra, de naviguer dans les champs de glaciers ou de faire une randonnée le long des fjords, ces activités offrent une expérience immersive dans la beauté naturelle du Haut-Arctique.

1. Randonnée au Svalbard

L'été:

Meilleur de juin à septembre, lorsque la neige a fondu, révélant la toundra et une faune diversifiée.

Les itinéraires populaires incluent la randonnée autour de Longyearbyen, l'exploration de Hiorthamn à travers l'Adventfjorden et la randonnée dans la région du glacier Lars.

Précautions de sécurité:

Risque lié aux ours polaires : faites toujours une randonnée avec un guide ou emportez un équipement de sécurité approprié en raison du risque de rencontre avec des ours polaires.

Connaissance du terrain : les guides sont inestimables pour naviguer sur le terrain arctique, souvent imprévisible et changeant.

Équipement et préparation :

Portez des chaussures de randonnée robustes et habillez-vous en plusieurs couches pour vous adapter aux conditions météorologiques changeantes.

Apportez un sac à dos contenant de l'eau, des collations et éventuellement une boisson chaude.

2. Aventures en raquettes

Hiver et printemps :

Idéal de novembre à mai, lorsque le paysage est enneigé.

La raquette permet d'explorer des zones qui pourraient être inaccessibles en été à cause de la neige et de la glace.

Itinéraires et circuits :

Les zones populaires pour la raquette comprennent les vallées autour de Longyearbyen et les contreforts des glaciers locaux.

Les visites guidées comprennent souvent des raquettes, des bâtons et l'équipement de sécurité nécessaire.

Considérations :

La raquette est physiquement exigeante, c'est pourquoi un niveau de condition physique raisonnable est recommandé.

Comme pour la randonnée, préparez-vous au froid et tenez toujours compte du risque d'ours polaires.

Conseils pour les deux activités

1. Visites guidées : Surtout pour ceux qui ne sont pas familiers avec les environnements arctiques, les visites guidées offrent sécurité et connaissances locales.

2. Vérifiez les conditions météorologiques : Le temps peut changer rapidement ; vérifiez toujours les prévisions et soyez prêt à affronter toutes les conditions.

3. Ne laisser aucune trace : Respectez l'environnement fragile de l'Arctique en restant fidèle aux sentiers et en minimisant votre impact.

4. Observation de la faune : Apportez des jumelles pour observer les oiseaux et la faune, mais maintenez une distance respectueuse.

Aspects uniques du Svalbard

Soleil de minuit et nuit polaire : Selon la saison, vous pourrez faire une randonnée sous le soleil de minuit ou sous la lumière éthérée de la nuit polaire.

Paysages Glaciaires : De nombreuses randonnées et balades en raquettes offrent la possibilité de voir les glaciers de près.

La randonnée et la raquette au Svalbard offrent des opportunités sans précédent de se connecter avec la nature sauvage de l'Arctique. Avec une bonne préparation et le respect des consignes de sécurité locales, ces activités peuvent être un moment fort de tout voyage vers cette destination unique.

Expériences en traîneau à chiens

Le traîneau à chiens est une expérience arctique par excellence, offrant une manière authentique et passionnante d'explorer les magnifiques paysages du Svalbard. Voici ce qu'il faut savoir sur les balades en traîneau à chiens dans cette région unique :

Aperçu

Transport traditionnel : Le traîneau à chiens est un mode de transport traditionnel dans l'Arctique depuis des siècles.

Connexion avec la nature : Il offre une manière unique de se connecter avec l'environnement, en expérimentant le silence des paysages enneigés, à l'exception du bruit des patins de traîneau et des pattes des chiens.

Quand doit-on aller

Hiver et printemps : La meilleure période pour faire du traîneau à chiens au Svalbard est généralement de novembre à mai, lorsque le sol est couvert de neige.

Traîneau à chiens sous le soleil de minuit : À la fin du printemps, vous pourrez faire l'expérience d'une balade en traîneau à chiens sous le soleil de minuit, une expérience vraiment unique.

Types de visites

Excursions d'une journée : d'une durée de plusieurs heures, ces excursions couvrent généralement des routes panoramiques autour de Longyearbyen.

Expéditions de nuit : pour les plus aventureux, celles-ci incluent le camping dans la nature sauvage de l'Arctique.

Aventures de plusieurs jours : pour une expérience immersive, ces circuits explorent les profondeurs de la nature sauvage avec des nuits passées dans des chalets ou des tentes isolées.

Expérience

Pratique : Dans de nombreuses excursions, vous aurez la chance de participer au processus de conduite en traîneau à chiens, de la préparation du traîneau à la manipulation des chiens.

Formation fournie : Aucune expérience préalable n'est nécessaire car les guides assureront la formation et assureront la sécurité tout au long du voyage.

À quoi s'attendre

Équipes de traîneau à chiens : Une équipe de traîneau à chiens typique est composée de 6 à 8 chiens, connus pour leur endurance et leur force.

Paysages à couper le souffle : voyagez à travers de vastes étendues enneigées, des fjords glacés et des glaciers imposants.

Observations de la faune : gardez un œil sur la faune arctique, mais toujours à une distance sûre et respectueuse.

Équipement et vêtements

Vêtements chauds : Habillez-vous en couches pour rester au chaud. Les couches extérieures coupe-vent sont importantes.

Vêtements fournis : les voyagistes fournissent normalement les vêtements requis tels que des combinaisons thermiques, des bottes, des gants et des casques.

Choisir un voyagiste

Pratiques durables : Optez pour des opérateurs qui valorisent le bien-être de leurs chiens et respectent les règles environnementales.

Dossier de sécurité : assurez-vous qu'ils ont un excellent dossier de sécurité et proposez des directives claires.

Considérations relatives à la sécurité et à l'environnement

Ours polaires : Soyez conscient de la présence d'ours polaires. Les visites en dehors de Longyearbyen incluent parfois un guide avec protection contre les ours polaires.

Respect de la nature : suivez les directives Leave No Trace pour limiter votre influence sur l'environnement pur.

Le traîneau à chiens au Svalbard n'est pas simplement une activité touristique ; c'est une entrée au cœur de la culture arctique et une méthode d'immersion pour apprécier la splendeur naturelle de la région. Que vous recherchiez un court voyage ou une aventure de plusieurs jours, le traîneau à chiens garantit une visite mémorable dans le Haut-Arctique.

Directives pour repérer les ours polaires

L'observation d'ours polaires au Svalbard peut être un moment fort de vos vacances dans l'Arctique, mais il est essentiel de suivre des critères stricts pour garantir à la fois votre sécurité et le bien-être des ours. Voici les lignes directrices essentielles :

1. La sécurité avant tout :

Excursions guidées : optez toujours pour des excursions guidées avec des spécialistes qualifiés lorsque vous espérez observer des ours polaires. Ils connaissent les meilleures techniques de sécurité et sont formés pour gérer les situations liées aux ours polaires.

Jamais seul : N'essayez jamais de découvrir ou d'approcher les ours polaires par vous-même.

2. Maintenez une distance de sécurité :

Respectez les limites : gardez toujours une distance sécuritaire et respectueuse avec les ours polaires. Les interactions étroites peuvent être nocives et pénibles pour les ours.

Utilisez des jumelles ou des objectifs zoom : Pour observer les ours en toute sécurité, utilisez des jumelles ou un appareil photo avec un objectif zoom.

3. Pas d'alimentation ni d'appâtage :

Interdiction stricte : il est interdit de nourrir ou d'essayer d'attirer les ours polaires pour les observer de plus près. Cela peut modifier leur comportement normal et les amener à associer les gens à la nourriture, conduisant à des circonstances périlleuses.

4. Minimiser l'impact :

Observation silencieuse : Soyez aussi silencieux que possible lorsque vous observez les ours polaires. Les bruits forts pourraient les déranger.

Évitez les perturbations : assurez-vous que votre présence n'affecte pas le comportement ou les mouvements normaux de l'ours.

5. Utilisation des véhicules :

Bateaux et motoneiges : Lorsque vous utilisez des bateaux ou des motoneiges, maintenez une distance sécuritaire pour éviter de déranger les ours. Suivez les recommandations fournies par votre organisateur de voyages.

6. Éthique de la photographie :

Photographie responsable : prenez des images sans causer de stress aux ours. Évitez d'utiliser des drones à proximité des ours polaires, car ils pourraient être très perturbateurs.

7. Connaissance des réglementations :

Directives juridiques : Familiarisez-vous avec les lois et réglementations locales sur la faune. Le gouverneur du Svalbard applique ces lois avec zèle.

8. Préparation aux situations d'urgence :

Équipement de sécurité Polar Bear : Les guides portent des équipements de sécurité comme des fusils et des fusées éclairantes, non pas pour la chasse, mais simplement pour la sécurité en cas de rencontre hostile.

9. Conservation de l'environnement :

Protection de l'habitat : Soyez conscient des effets environnementaux de vos actions et efforcez-vous de conserver l'habitat naturel des ours polaires.

10. Respect de la faune :

État d'esprit de conservation : n'oubliez pas que les ours polaires sont une espèce en voie de disparition. Traitez chaque observation avec respect et un sentiment de privilège.

L'observation d'ours polaires au Svalbard est une expérience incroyable, mais elle implique une responsabilité considérable. Le respect de ces mesures garantit votre sécurité et la conservation de l'un des animaux les plus emblématiques de l'Arctique. Mettez toujours l'accent sur les techniques d'observation de la faune éthiques et polies.

Faire de la motoneige au Spitzberg

La motoneige est un moyen populaire et passionnant d'explorer les vastes et magnifiques paysages du Spitzberg, la plus grande île de l'archipel du Svalbard. Voici ce que vous devez savoir pour vivre une expérience de motoneige sécuritaire et amusante :

Meilleur moment pour faire de la motoneige

Hiver et printemps : Les mois optimaux vont de février à mai, lorsque le soleil revient et que les conditions d'enneigement sont les plus stables.

Visites et locations

Visites guidées : diverses agences de voyages à Longyearbyen proposent des expériences guidées en motoneige, allant de quelques heures à plusieurs jours.

Options de location : Pour les motoneigistes expérimentés, plusieurs entreprises proposent la location de motoneiges. Cependant, une visite avec un guide est suggérée, en particulier pour les personnes inexpérimentées avec la région ou les conditions arctiques.

Itinéraires populaires

Tempelfjorden : Un sentier pittoresque menant au spectaculaire Tempelfjord avec ses eaux gelées et son imposant glacier.

Côte Est du Spitzberg : Pour avoir l'opportunité d'observer des ours polaires (à distance de sécurité) et d'explorer des paysages solitaires.

Barentsburg ou Pyramiden : Les excursions dans ces communautés russes offrent une combinaison d'aventure et de rencontres culturelles.

Sécurité et réglementation

Permis de conduire : Vous devez détenir un permis de conduire valide pour conduire une motoneige.

Sécurité des ours polaires : Emportez un équipement de sécurité adéquat lorsque vous vous aventurez à l'extérieur des communautés. Les guides sont préparés et formés pour les rencontres avec les ours polaires.

Respect de l'environnement : respectez les itinéraires désignés pour minimiser l'influence sur le délicat écosystème arctique.

Vêtements et équipement

Vêtements appropriés : Habillez-vous en couches. Un équipement coupe-vent, des bottes isolées, des gants et un casque épais sont nécessaires.

Casque et lunettes : Les casques sont nécessaires et des lunettes sont suggérées pour se défendre contre la neige et le vent.

Considérations environnementales

Méthodes respectueuses de l'environnement : choisissez des voyagistes qui adhèrent à des méthodes écologiquement responsables.

Zones sensibles : Soyez conscient et respectez les zones limitées pour préserver les animaux et les écosystèmes sensibles.

Exigences physiques

Degré de condition physique : La motoneige exige un degré modéré de condition physique et d'endurance, en particulier pour les longs trajets.

Planification et réservation

Réservation à l'avance : réservez votre visite ou votre location à l'avance, notamment pendant les hautes saisons touristiques.

Dépendance aux conditions météorologiques : Les excursions en motoneige dépendent des conditions météorologiques, alors soyez prêt à toute modification des plans.

La motoneige au Spitzberg offre une opportunité unique et exaltante de découvrir la nature arctique. En sélectionnant des voyagistes fiables, en respectant les exigences de sécurité et environnementales et en étant correctement préparé, vous pourrez profiter d'un voyage incroyable dans les paysages à couper le souffle du Svalbard.

À la poursuite des aurores boréales

À la poursuite des aurores boréales, ou aurores boréales, au Svalbard est une expérience envoûtante. Cette lumière naturelle projetée dans le ciel terrestre est principalement visible dans les zones de haute latitude, proches de l'Arctique et de l'Antarctique. Voici tout ce que vous devez savoir pour augmenter vos chances d'observer ce magnifique phénomène au Svalbard :

Meilleur moment pour voir les aurores boréales

Haute saison : La période la plus belle se situe pendant la Nuit Polaire, de fin novembre à février, lorsque les soirées sont les plus longues.

L'obscurité est la clé : les aurores peuvent théoriquement se produire toute l'année, mais elles ne sont visibles que lorsque le ciel est suffisamment noir, ce qui rend les hivers longs et sombres du Svalbard parfaits.

Conseils pour la chasse aux aurores boréales

Éloignez-vous de la pollution lumineuse : pour profiter des plus belles vues, éloignez-vous des lumières de Longyearbyen et dirigez-vous vers des régions plus sombres.

Ciel clair : les aurores boréales sont mieux observées sous un ciel clair et sans nuages. Consultez les prévisions météorologiques et recherchez des soirées avec un ciel dégagé.

La patience est cruciale : les aurores peuvent être inattendues. Soyez prêt à attendre et continuez à vérifier le ciel.

Habillez-vous chaudement : L'attente peut être glaciale, en particulier lors des soirées claires d'hiver. Portez plusieurs couches et des vêtements thermiques et apportez des liquides chauds si possible.

Visites guidées : de nombreuses agences de voyages locales proposent des voyages aurores boréales, ce qui peut augmenter vos chances d'observer les aurores boréales et offrir une sécurité accrue dans le climat arctique.

Conseils de photographie

Trépied : Un élément essentiel pour des photos stables et à longue exposition.

Paramètres de la caméra : utilisez une caméra qui permet les réglages manuels. Une exposition longue (environ 15 à 30 secondes), une grande ouverture et un réglage ISO élevé sont habituels.

Pratique : testez les paramètres de votre appareil photo tout au long de la journée pour vous préparer.

Activités combinées avec l'observation des aurores

Excursions en motoneige ou en traîneau à chiens : Certaines excursions offrent la possibilité de chasser les aurores boréales tout en pratiquant d'autres sports arctiques.

Camps Aurora : certains opérateurs installent des camps avec un environnement confortable pour des possibilités d'observation plus longues.

Comprendre l'aurore

Activité solaire : Les aurores boréales sont la conséquence de collisions entre des particules gazeuses de l'atmosphère terrestre et des particules chargées produites par l'atmosphère solaire.

Imprévisibilité : L'intensité et la luminosité des aurores peuvent varier considérablement, chaque rencontre est donc unique.

Sécurité et confort

Visites guidées : Surtout pour les sorties nocturnes, des visites guidées sont proposées pour des raisons de sécurité.

Vérifiez les conditions météorologiques : vérifiez toujours les prévisions météorologiques et préparez-vous aux changements rapides de l'environnement arctique.

Observer les aurores boréales au Svalbard est une expérience merveilleuse, mêlant la majesté des lumières de la nature au mysticisme de la nature sauvage de l'Arctique. Avec une préparation appropriée, de la patience et un peu de chance, cela pourrait être l'un des moments forts de votre expérience dans l'Arctique.

Exploration de Pyramiden et de Barentsburg

L'exploration de Pyramiden et de Barentsburg offre une perspective unique sur les caractéristiques culturelles et historiques du Svalbard. Avec leurs différentes influences russes et soviétiques, ces deux communautés offrent un contrepoint fascinant à Longyearbyen, dominée par la Norvège.

Pyramides

Aperçu

Pyramiden, une ancienne ville minière soviétique, a été abandonnée en 1998 et est depuis devenue une « ville fantôme ».

Il est étonnamment bien conservé et offre un aperçu de la vie dans l'Arctique à l'époque soviétique.

Attractions:

Bâtiments et architecture : découvrez des structures de l'ère soviétique telles que le monument Lénine le plus au nord du monde, un centre culturel et des complexes résidentiels.

Cadre naturel époustouflant : la ville est nichée contre le magnifique glacier Nordenskiöldbreen.

Visite :

Excursions guidées : Des excursions guidées sont disponibles depuis Longyearbyen en bateau en été et en motoneige en hiver.

En raison du danger posé par les ours polaires et de la nature délicate de plusieurs structures, il est préférable de visiter avec un guide.

Barentsbourg

Aperçu

Une communauté minière russe de 400 personnes toujours en activité.

Il combine les traditions russes et ukrainiennes avec une touche arctique.

Attractions

Visitez le musée Pomor, la chapelle orthodoxe russe et la galerie d'art de Barentsburg pour une expérience culturelle.

Installations de recherche dans l'Arctique : découvrez les recherches menées par la communauté russe dans l'Arctique.

Brasserie locale : visitez la brasserie la plus septentrionale du monde pour déguster de la bière produite localement.

Visiter

Longyearbyen est accessible par bateau, motoneige ou hélicoptère.

Événements culturels : pour une expérience plus immersive, essayez de faire coïncider votre visite avec des événements culturels ou des festivals.

Suggestions de visites

Même si les deux villages accueillent les visiteurs, il est crucial d'observer les traditions et pratiques locales.

Avant de photographier des personnes ou des propriétés privées, obtenez d'abord la permission.

Habillez-vous convenablement : Étant donné que le temps peut changer brusquement, habillez-vous en plusieurs couches et préparez-vous à affronter le froid.

Restez informé : avant d'organiser votre visite, vérifiez l'état actuel de ces communautés et la disponibilité des visites, car les situations peuvent changer.

Un voyage à Pyramiden et à Barentsburg offre un regard unique sur le passé soviétique du Svalbard et la culture russe moderne. Ces villages contrastent fortement avec le mode de vie norvégien à Longyearbyen et témoignent de l'histoire vaste et complexe de l'habitation humaine dans l'Extrême-Arctique.

Andréa Frost

CHAPITRE SEPT
Rencontres culturelles

Le Svalbard offre une pléthore d'événements culturels qui reflètent sa situation arctique unique, sa société multinationale diversifiée et sa riche histoire. Voici quelques activités culturelles auxquelles vous pouvez participer :

1. Visitez le musée du Svalbard :

Histoire et culture : découvrez l'histoire naturelle, l'histoire minière et l'exploration de l'Arctique du Svalbard.

Expositions interactives : le musée comprend des expositions sur les animaux, la géologie et le passé culturel de l'archipel.

2. Découvrez Longyearbyen :

Visitez des galeries d'art locales présentant des œuvres d'art et des photographies d'inspiration arctique.

Shopping : cherchez des objets artisanaux uniques fabriqués à partir de peau et de laine de renne du Svalbard.

3. Goûtez à la cuisine arctique traditionnelle :

Les restaurants de Longyearbyen proposent des plats traditionnels à base d'omble chevalier, de renne et de phoque.

La brasserie la plus septentrionale du monde, Barentsburg Brewery, sert de la bière fabriquée localement.

4. Participez aux festivals et événements locaux :

Festival de jazz arctique : assistez à cet événement de jazz unique en son genre qui se déroule au milieu d'une nuit arctique.

Solfestuka : En mars, de nombreuses festivités et activités commémorent le retour du soleil.

5. Colonies russes - Pyramiden et Barentsburg :

Immersion culturelle : Dans ces lieux, vous pourrez découvrir les traditions russes et ukrainiennes.

Visitez le musée Pyramiden ou assistez à une pièce de théâtre au centre culturel de Barentsburg.

6. Balades historiques avec un guide :

L'histoire de Longyearbyen : participez à des promenades guidées qui se concentrent sur l'histoire de Longyearbyen, en particulier son histoire d'exploitation du charbon.

7. Visites d'églises :

Église du Svalbard : visitez l'église la plus au nord de Longyearbyen pour des activités communautaires et un cadre paisible.

8. Cours de photographie de nature et de faune :

Capturez l'Arctique : découvrez comment photographier les paysages et la faune spectaculaires de l'Arctique.

9. Ateliers et conférences :

Assistez à des séminaires et des ateliers sur la recherche dans l'Arctique et les défis environnementaux au Centre universitaire et aux stations de recherche.

10. Poursuite des aurores boréales :

Découvrez la mythologie et la science qui entourent les aurores boréales.

Conseils pour une expérience culturelle enrichissante

Respecter les traditions locales : soyez attentif aux traditions et aux pratiques des communautés locales et internationales du Svalbard.

Interagissez avec les habitants : L'interaction avec les habitants peut offrir des informations plus approfondies sur la vie dans le Haut-Arctique.

Planifiez à l'avance : consultez le calendrier des événements et des festivals à venir, car certains ont lieu sur une base annuelle ou saisonnière.

Les expériences culturelles du Svalbard offrent un aperçu approfondi de l'histoire, des habitudes et des traditions de la région. Des études historiques aux arts modernes et aux plaisirs gastronomiques, cette région lointaine du globe a une riche tapisserie culturelle à découvrir.

Explorer le musée du Svalbard

Toute personne intéressée par la riche histoire, la culture et l'environnement naturel de cette région arctique unique devrait visiter le musée du Svalbard à Longyearbyen. Voici à quoi s'attendre et quelques conseils pour votre visite :

Informations sur le musée du Svalbard

Le musée est situé à Longyearbyen et est facilement accessible depuis le centre-ville.

Il s'agit d'un musée primé réputé pour ses expositions approfondies et divertissantes.

Collections et expositions

Histoire de la nature :

Découvrez la géologie, la végétation et les animaux du Svalbard.

Des spécimens de taxidermie d'ours polaires, de renards arctiques, de rennes et de nombreux oiseaux marins sont exposés.

Histoire de la culture :

Comprenez l'histoire humaine du Svalbard, y compris l'époque de l'exploration, de la chasse à la baleine et de l'exploitation minière.

Les expositions illustrent la vie des premiers explorateurs, chasseurs et mineurs via des reliques, des images et des modèles.

Préoccupations actuelles :

Découvrez les enjeux actuels, tels que le changement climatique et son influence sur l'écosystème arctique.

Un regard sur les études scientifiques en cours au Svalbard.

Informations pour les visiteurs :

Heures d'ouverture : Vérifiez les heures d'ouverture actuelles, car elles peuvent changer selon les saisons.

Coût d'admission : Il y a un coût d'admission nominal, avec des réductions pour étudiants, enfants et seniors.

Visites guidées : disponibles dans une variété de langues, ces visites fournissent des informations et des idées détaillées.

Suggestions de visites :

Prévoyez suffisamment de temps : Prévoyez au moins 1 à 2 heures pour visiter entièrement les expositions.

Écrans interactifs : pour une expérience plus immersive, utilisez les écrans interactifs.

Boutique de cadeaux : Il y a une boutique de cadeaux bien approvisionnée dans le musée où vous pouvez acheter des souvenirs, des livres et du matériel pédagogique.

Apportez un appareil photo pour la photographie personnelle, mais vérifiez si la photographie au flash est autorisée.

Habillez-vous confortablement : bien que le musée soit à l'intérieur, habillez-vous en plusieurs couches en raison du temps froid à Longyearbyen.

Aspect de l'éducation :

Le musée convient à tous les âges, avec de nombreux matériels instructifs et fascinants pour les enfants et les adultes.

Une visite au musée du Svalbard est non seulement informative, mais elle élargit également vos connaissances sur ce lieu arctique unique. Il contextualise les expériences environnementales et culturelles que vous vivrez tout au long de votre séjour au Svalbard, ce qui en fait une visite essentielle de votre itinéraire.

Visites des brasseries de Longyearbyen et de Barentsburg

Les visites de brasseries à Longyearbyen et Barentsburg offrent aux visiteurs du Svalbard une expérience unique en son genre qui combine le plaisir de la bière artisanale avec un aperçu des processus de brassage dans l'Arctique et de l'histoire de ces communautés isolées.

Brasserie du Svalbard : Longyearbyen

Faits sur la brasserie Svalbard :

Elle a été fondée en 2015 et est réputée comme la brasserie la plus septentrionale du monde.

Fondée par l'ancien mineur Robert Johansen, qui s'est battu pendant des années pour abroger une loi de 1928 interdisant la fabrication d'alcool à Svalbard.

Visite d'apprentissage expérientiel :

Visite de la brasserie : découvrez les obstacles uniques au brassage dans l'Arctique, tels que l'utilisation de l'eau dessalée des glaciers.

Dégustation de bière : en règle générale, la visite comprend des séances de dégustation au cours desquelles vous pourrez déguster différentes bières fabriquées par la brasserie.

Réservations et disponibilités :

Les visites sont souvent proposées plusieurs jours par semaine, mais il est préférable de vérifier le calendrier actuel et de réserver à l'avance.

Il y a aussi un magasin où vous pouvez acheter leurs bières et cadeaux.

Brasserie Red Bear à Barentsburg :

La Brasserie Ours Rouge :

Cette brasserie, située dans le village russe de Barentsburg, propose une expérience culturelle unique.

Ils fabriquent une gamme de bières à partir d'ingrédients arctiques, notamment des bières blondes et des bières blondes.

Visite d'apprentissage expérientiel :

Enquêtez sur le brassage russe : découvrez leur technique de brassage et comment ils s'adaptent aux circonstances arctiques.

Séance de dégustation : Profitez des différents goûts des bières créées par Red Bear Brewery.

Visite de Barentsburg :

Barentsburg est accessible en motoneige, en bateau (en été) ou en hélicoptère depuis Longyearbyen. Les visites à Barentsburg incluent souvent un arrêt à la brasserie.

Les autres attractions de la ville incluent l'architecture russe, le musée Pomor de Barentsburg et la culture arctique.

Conseils pour la visite de la brasserie :

Il est important de boire de manière responsable, surtout si vous revenez à Longyearbyen après le voyage.

Des vêtements chauds sont recommandés même en été, notamment lors de la visite de Barentsburg.

Combinez avec des activités supplémentaires : pour une expérience d'une journée complète, envisagez de combiner la visite de la brasserie avec des activités supplémentaires à Longyearbyen ou Barentsburg.

Langue : La plupart des visites sont disponibles en anglais, mais c'est toujours une bonne idée de vérifier.

Les excursions dans les brasseries de Longyearbyen et de Barentsburg permettent non seulement de déguster des bières arctiques inhabituelles, mais donnent également un aperçu de l'esprit inventif des habitants de ces villages isolés. Ces voyages sont un incontournable pour les connaisseurs de bière ainsi que pour toute personne intéressée par les éléments culturels et commerciaux de la vie dans l'Extrême-Arctique.

Dîner au Svalbard : une expérience locale

Le restaurant Svalbard de Longyearbyen offre une expérience locale délicieuse et unique, combinant la cuisine arctique dans une ambiance décontractée et conviviale. Voici à quoi vous attendre si vous allez au Svalbard pour un repas :

Faits sur le Svalbard

Svalbar, une taverne locale importante et un café au milieu de Longyearbyen, est un lieu populaire local.

Décontracté et accueillant : Connu pour son ambiance décontractée, agréable et conviviale, il attire autant les résidents que les visiteurs.

Menu et cuisine :

Aliments arctiques et cosmopolites : Le menu propose une large gamme d'aliments, de la cuisine arctique traditionnelle aux plats cosmopolites plus reconnaissables.

Aliments locaux : les plats utiliseront des aliments d'origine locale tels que le renne, l'omble chevalier et le phoque.

Svalbard s'adresse également aux végétariens, garantissant qu'il y en a pour tous les goûts.

Cadre et ambiance :

L'intérieur est confortable et rustique, avec une véritable ambiance arctique, avec des meubles en bois et des œuvres d'art à thème.

Centre social : il n'est pas rare de voir ici un mélange d'habitants et de voyageurs, ce qui en fait un excellent endroit pour se mêler et rencontrer de nouvelles personnes.

Breuvages:

Boissons : Une variété de bières locales et internationales, y compris des sélections de Svalbard Bryggeri, la brasserie locale.

D'autres boissons alcoolisées et non alcoolisées sont également proposées.

Cocktails et spiritueux : choisissez parmi une variété de cocktails, de spiritueux et de boissons chaudes adaptés à la scène arctique.

Animations et événements :

Svalbard organise souvent des concerts et d'autres événements, qui contribuent à l'environnement dynamique et charmant de l'île.

Projections sportives : c'est un endroit populaire pour regarder des événements sportifs, avec des écrans pour les jeux et matchs importants accessibles.

Suggestions de restaurants au Svalbard :

Réservations : C'est une bonne idée de faire une réservation à l'avance, notamment pendant les saisons touristiques chargées ou lors des soirées événementielles.

Code vestimentaire : Le code vestimentaire est décontracté, mais compte tenu du temps froid à Longyearbyen, c'est une bonne idée d'emporter des vêtements chauds pour l'aller et le retour.

Explorez les saveurs locales : pour une véritable expérience culinaire du Svalbard, n'hésitez pas à goûter certaines des spécialités locales proposées au menu.

Dîner au Svalbard à Longyearbyen est plus qu'un simple repas ; c'est une expérience qui capture l'âme du Svalbard. C'est un excellent choix pour tous ceux qui souhaitent savourer une cuisine délicieuse, interagir avec les habitants et profiter de l'ambiance communautaire animée de l'Arctique.

CHAPITRE HUIT

Rencontres avec la nature et la faune

Les interactions entre la nature et les animaux au Svalbard offrent une chance unique de voir l'écosystème et les habitants vierges de l'Arctique. Voici quelques expériences et recommandations significatives pour profiter durablement des merveilles naturelles du Svalbard :

1. Observation de l'ours polaire :

Excursions guidées : participez à des excursions guidées conçues exclusivement pour l'observation des ours polaires en toute sécurité. Gardez à l'esprit que ces magnifiques animaux ne doivent être observés qu'à une distance sécuritaire.

Suivez à tout moment les recommandations de votre guide et ne vous approchez jamais des ours polaires.

2. Observation des oiseaux :

Le Svalbard possède une population d'oiseaux diversifiée, notamment des macareux, des sternes arctiques et des guillemots.

Les falaises ornithologiques, comme celles d'Alkefjellet, sont des sites populaires pour l'observation des oiseaux. Des visites guidées en bateau peuvent vous amener au plus près des falaises.

3. Renne et renard arctique :

Observations courantes : surveillez les rennes du Svalbard et les renards arctiques, que l'on peut observer à Longyearbyen et dans ses environs.

Observation respectueuse : gardez une distance respectueuse avec eux pour éviter de perturber leur comportement naturel.

4. Observation des baleines :

Les croisières d'observation des baleines sont populaires tout au long de l'été, lorsque de nombreuses espèces de baleines visitent les mers proches du Svalbard.

Excursions responsables : Sélectionnez des excursions qui respectent l'espace des baleines et suivent les normes d'observation des animaux.

5. Colonies de morses :

Zones côtières : allez observer les baleines le long du bord de mer. Ces grandes créatures marines sont souvent aperçues en train de se détendre sur les plages ou sur la banquise.

Excursions : Pour une expérience visuelle sûre et polie, choisissez des excursions guidées en bateau.

6. Exploration des glaciers :

Randonnées et croisières : découvrez les nombreux glaciers du Svalbard à pied, en bateau ou en kayak.

Excursions guidées : participez à des excursions guidées offrant du matériel et des connaissances en matière de sécurité et de préservation de l'environnement.

7. Motoneige et traîneau à chiens :

Aventures hivernales : Ces activités offrent une occasion passionnante d'explorer l'environnement et potentiellement de rencontrer des animaux.

Visites guidées : Choisissez toujours des visites guidées pour assurer votre sécurité et le respect des normes environnementales.

8. Aurores boréales :

Aurores boréales : le ciel sombre du Svalbard offre de bonnes chances d'observer les aurores boréales tout au long de l'hiver.

Rencontres avec la faune et conseils d'exploration de la nature :

Observez la faune à une distance sécuritaire : observez toujours la faune à une distance sécuritaire pour éviter de déranger les animaux.

Respecter les réglementations locales : soyez informé et respectez les réglementations locales en matière de protection de la faune et de l'environnement.

Ne laisser aucune trace : réduisez vos effets environnementaux en laissant les lieux tels que vous les avez trouvés.

Habillez-vous correctement : Étant donné que l'environnement arctique est rigoureux et imprévisible, habillez-vous en plusieurs couches et préparez-vous aux conditions météorologiques changeantes.

Découvrir le paysage et la faune du Svalbard est à la fois époustouflant et humiliant. Vous pouvez profiter de ces expériences de manière éthique en préservant l'écosystème arctique en voie de disparition et ses habitants, garantissant ainsi la préservation de cet habitat vierge pour les générations futures.

Promenades en bateau et observation de la faune

Les croisières en bateau et l'observation de la faune au Svalbard sont d'excellentes méthodes pour découvrir l'environnement maritime unique de l'Arctique et rencontrer ses espèces variées.

Voici ce que vous devez savoir pour tirer le meilleur parti de ces opportunités :

Promenades en bateau

Catégories de voyage :

Excursions d'une journée : Pour les personnes disposant de peu de temps, des excursions plus courtes vers les fjords et les glaciers environnants sont excellentes.

Croisières prolongées : voyages plus longs qui visitent des parties plus éloignées de l'archipel et incluent des nuitées à bord.

Destinations :

Fjords : pour admirer de magnifiques paysages et observer des animaux, visitez de magnifiques fjords tels que Kongsfjorden ou Isfjorden.

Glaciers : Rapprochez-vous d'énormes glaciers comme Monacobreen et Nordenskiöldbreen.

Activités:

Kayak : Certains programmes offrent la possibilité de faire du kayak dans les mers arctiques.

Débarquements à terre : selon l'horaire, visitez des plages isolées et des lieux historiques.

Observation de la faune :

La faune marine :

Baleines : Gardez un œil sur les petits rorquals, les bélugas et, en de rares occasions, les baleines bleues et à bosse.

Morses : Ces grandes créatures marines sont souvent observées dans des endroits particuliers.

Phoques : Diverses espèces, notamment des phoques barbus et annelés, peuvent souvent être observées.

Oiseaux :

Des macareux, des guillemots et des mouettes tridactyles peuvent être observés dans les colonies d'oiseaux marins.

Sterne arctique : Connue pour son long voyage, la sterne arctique peut être aperçue au Svalbard tout au long de l'été.

L'ours polaire:

Les observations d'ours polaires ne sont pas assurées ; cependant, ils sont parfois observés depuis des bateaux le long de la côte ou sur la banquise.

Conseils pour la navigation de plaisance et l'observation de la faune

Habillez-vous chaudement : Le temps peut être frais, particulièrement sur le lac. Portez des couches imperméables et coupe-vent.

Mal des transports : Si vous êtes sujet au mal de mer, vous devriez envisager de prendre des précautions.

Gardez une distance de sécurité entre vous et les animaux. Il est illégal de déranger la faune.

Avant toute chose, écoutez l'équipage et respectez toutes les recommandations de sécurité, notamment à l'embarquement et au débarquement.

Jumelles et appareils photo : apportez des jumelles et un appareil photo avec un objectif zoom décent pour une meilleure observation et une meilleure prise de vue de la faune.

Choisissez des voyagistes responsables : recherchez des excursions qui mettent l'accent sur la durabilité environnementale et la conservation des animaux.

Réservations et disponibilités

Réservation à l'avance : les excursions populaires se remplissent souvent rapidement, en particulier en haute saison, alors planifiez à l'avance.

Vérifiez les horaires : Certains voyages ne sont disponibles qu'en hiver, selon l'état des glaces et les habitudes des animaux.

Les excursions en bateau et l'observation des animaux au Svalbard offrent une occasion sans précédent de découvrir le monde naturel de l'Arctique. Vous pouvez voir les paysages époustouflants et la faune variée qui rendent cette région si spéciale depuis le confort d'un bateau. N'oubliez pas de choisir des voyages respectueux de l'environnement et de préserver les animaux et l'écologie préservée de cet habitat délicat.

Kayak de mer dans l'Arctique

Faire du kayak dans les mers arctiques du Svalbard est une occasion unique d'avoir une nouvelle perspective sur le spectaculaire terrain arctique et ses animaux. Ce que vous devez savoir sur le kayak arctique dans cette région est le suivant :

Niveau d'expérience et de compétence :

De nombreuses expériences guidées en kayak au Svalbard conviennent à tous les niveaux, des débutants aux pagayeurs experts.

Avant de partir, les guides dispensent normalement des leçons de base en canotage et des séances d'information sur la sécurité.

Le kayak à son meilleur :

Mois d'été : de juin à septembre, lorsque la glace de mer a fondu et que le temps est plus chaud, sont parfaits pour faire du kayak au Svalbard.

Ce à quoi vous pouvez vous attendre :

Pagayez au milieu des icebergs, des fjords et des glaciers dans certains des endroits les plus reculés et les plus beaux du monde.

Rencontres avec la faune : Il est possible d'apercevoir des phoques, des oiseaux de mer et, à distance sécuritaire, des ours polaires et des baleines.

Kayak au soleil de minuit : Cet été, faire du kayak sous le soleil de minuit est un phénomène rare dans l'Arctique.

Équipement et sécurité :

Les voyagistes fournissent souvent des équipements vitaux tels que des combinaisons étanches, des gilets de sauvetage, des gants et des sacs à dos imperméables.

Sécurité des ours polaires : En raison de la présence probable d'ours polaires, les guides transportent généralement des équipements de sécurité lorsqu'ils font du kayak dans des endroits isolés.

Considérations météorologiques : Les conditions météorologiques dans l'Arctique pouvant être inattendues, les guides doivent surveiller en permanence les conditions pour garantir la sécurité.

Sélection d'un circuit :

Sélectionnez des voyagistes réputés avec des guides qualifiés qui connaissent les circonstances locales et valorisent la sécurité.

Les petits groupes ont tendance à créer une expérience plus intime et engageante.

La durée des visites varie de quelques heures à des excursions d'une journée ou de plusieurs jours.

Considérations pour l'environnement :

Respectez les animaux : Gardez une distance de sécurité avec tous les animaux pour éviter de les déranger.

Ne laisser aucune trace : Pour conserver l'environnement intact de l'Arctique, assurez-vous qu'aucun déchet ou déchet n'est laissé derrière vous.

Conseils pour faire du kayak à Svalbard :

Habillez-vous convenablement : Pour plus de chaleur, utilisez des couches thermiques sous la combinaison étanche fournie.

Apportez une bouteille d'eau avec vous, car l'exercice physique dans des conditions sèches et froides peut vous déshydrater.

Des étuis ou sacs à dos étanches pour appareils photo et téléphones sont nécessaires pour capturer votre expérience arctique.

Faire du kayak dans les mers arctiques du Svalbard est une expérience magnifique qui vous met face à la beauté brute de l'Arctique. C'est plus qu'un simple sport ; c'est un moyen de se connecter directement avec la nature, offrant une expérience tranquille, voire spirituelle, au milieu de la vaste toundra arctique.

Exploration de la flore et des oiseaux

Les amoureux de la nature pourront découvrir la biodiversité arctique dans un cadre propre et stimulant en observant les oiseaux et en explorant la flore distinctive du Svalbard. Voici comment tirer le meilleur parti de ces opportunités :

Observation des oiseaux au Svalbard

Le meilleur moment est :

Mois d'été : L'observation des oiseaux est idéale de fin mai à août, lorsque les espèces migratrices retournent à leur nid.

Lieux importants :

Falaises aux oiseaux : Alkefjellet est bien connue pour ses immenses falaises à oiseaux, qui abritent des centaines de guillemots de Brünnich.

Zones humides : recherchez des échassiers et des canards dans les zones proches de Longyearbyen et d'Adventdalen.

Espèces à surveiller :

Les macareux, les guillemots et les petits pingouins sont souvent observés autour des falaises ornithologiques.

Sterne arctique : Connue pour son fort comportement de défense du nid.

Bernaches bernaches et bernaches à bec court : communes dans les zones humides.

Visites avec un guide :

Pensez à faire des excursions guidées d'observation des oiseaux, qui peuvent vous emmener dans les plus beaux endroits et donner des avis d'experts.

Exploration de la flore

Plantes de l'Arctique :

Les températures extrêmes signifient que la variété est limitée, mais les plantes sont particulièrement adaptées à l'environnement arctique.

Saison de floraison : Juillet et août sont les mois les plus courants pour la floraison de cette plante.

Ce qu'il faut chercher:

Les promenades dans la toundra de Longyearbyen peuvent exposer un large éventail de flore arctique.

Zones des fjords : Les rives des fjords peuvent être luxuriantes avec une flore, notamment des fleurs et des mousses arctiques.

Respect du milieu vulnérable :

Restez dans les allées et évitez de piétiner la verdure.

Pour préserver l'écologie délicate, la cueillette des plantes est généralement interdite.

Préparation et équipement :

Des jumelles et un appareil photo :

Indispensable pour observer les oiseaux et photographier les plantes.

Les téléobjectifs sont parfaits pour photographier des animaux de loin.

Être habillé correctement:

Superposez vos vêtements pour vous adapter aux conditions météorologiques changeantes.

Le terrain pouvant être humide, des vêtements imperméables sont suggérés.

Applications et guides de terrain :

Apportez un guide de terrain sur les oiseaux et les plantes de l'Arctique ou téléchargez les applications nécessaires pour l'identification et l'information.

Recommandations pour une expérience respectueuse et agréable :

Restez silencieux : Pour éviter de déranger les oiseaux, en particulier ceux à proximité des zones de nidification.

Ne laisse aucune trace : éliminez tous les déchets pour réduire vos effets environnementaux.

Réglementations locales : Comprendre et respecter les réglementations locales en matière de protection de la faune et de l'environnement.

L'observation des oiseaux et la découverte de la flore au Svalbard offrent une occasion unique de s'immerger dans la splendeur naturelle de l'Arctique. Cet événement souligne non seulement la ténacité de la vie dans des circonstances difficiles, mais également la nécessité de protéger des écosystèmes aussi sensibles.

Svalbard Guide de voyage 2024

CHAPITRE NEUF
La réserve mondiale de semences

Le Svalbard Worldwide Seed Vault, parfois connu sous le nom de « Doomsday Vault », est une ressource mondiale importante pour la préservation de la variété génétique végétale. Voici un aperçu de cette incroyable installation :

Importance et objectif :

Sauvegarde pour la diversité mondiale des cultures : le coffre-fort contient des échantillons en double de semences provenant de collections de cultures du monde entier pour se protéger contre la perte de semences dans les banques de gènes en raison de catastrophes régionales ou mondiales à grande échelle.

Contribution à la sécurité alimentaire : elle constitue un filet de sécurité pour l'approvisionnement alimentaire mondial en cas de catastrophe.

Structure et emplacement :

À distance et sécurisé : Le coffre-fort est situé à Longyearbyen, sur l'île de Spitsbergen au Svalbard, au fond d'une montagne de grès dans un environnement de pergélisol, assurant un gel naturel.

Conception robuste : l'emplacement et la structure du coffre-fort sont destinés à maintenir les graines en sécurité pendant des générations, malgré les calamités naturelles et causées par l'homme.

Dépôts pour les semences :

Collection diversifiée : Le coffre-fort contient des graines de cultures vivrières vitales telles que le blé, le riz et le maïs, ainsi que d'autres produits agricoles importants.

Participation mondiale : des banques de gènes du monde entier contribuent au stockage d'échantillons de graines en double.

Explorer le coffre-fort de semences :

Accès limité : Pour maintenir la sûreté et la sécurité des semences, le coffre-fort à semences n'est pas accessible au public pour des visites fréquentes.

Visite extérieure : Les visiteurs peuvent se rendre au coffre-fort à l'extérieur, qui abrite une œuvre d'art illuminée et constitue une excellente occasion de prendre des photos.

Andréa Frost

Affichages informatifs : Les musées et les centres touristiques de Longyearbyen donnent des informations sur la voûte et son importance.

Biodiversité et changement climatique : quel est votre rôle ?

Préservation de la biodiversité : La voûte est essentielle au maintien de la biodiversité agricole, nécessaire à l'adaptation aux conditions climatiques changeantes.

étude et restauration : les graines stockées peuvent être utilisées à des fins d'étude ou pour replanter les cultures perdues.

Importance locale et mondiale :

Symbole de coopération mondiale : La voûte symbolise une coopération mondiale sans précédent pour le bénéfice commun de la sécurité alimentaire future.

Sensibilisation à l'Arctique : sa présence au Svalbard souligne l'importance de l'Arctique dans les défis environnementaux mondiaux.

La Réserve mondiale de semences du Svalbard témoigne de la prospective et de la coopération mondiales et est essentielle à la préservation de la diversité agricole pour les générations futures. Bien que l'accès direct à l'intérieur soit limité, sa présence et la science qui la sous-tend en font un élément fascinant de chaque visite au Svalbard.

Andréa Frost

L'importance de la chambre forte semencière

Le Svalbard Global Seed Vault, également connu sous le nom de « Doomsday Vault », est essentiel aux efforts mondiaux de conservation agricole et environnementale. Voici un aperçu de sa signification :

1. Préserver la biodiversité mondiale :

Diversité génétique : Le coffre-fort contient une collection massive de graines provenant du monde entier, représentant un large éventail de diversité génétique végétale. Ceci est essentiel pour préserver le matériel génétique en vue de la sélection et des études futures des cultures.

2. Protection contre les événements catastrophiques :

Sauvegarde des banques de gènes : les graines dans le coffre-fort sont des sauvegardes des collections conservées dans les banques de gènes du monde entier. Si ces banques de gènes sont détruites en raison de catastrophes naturelles, de guerres ou d'autres événements catastrophiques, ces graines peuvent être utilisées pour les régénérer.

3. Résilience de l'agriculture et sécurité alimentaire :

Adaptation au changement climatique : la diversité génétique préservée dans la réserve est essentielle à la sélection de nouvelles variétés de cultures capables de s'adapter aux conditions climatiques changeantes, aux ravageurs et aux maladies, garantissant ainsi l'approvisionnement alimentaire mondial.

Agriculture durable : les graines peuvent contenir des caractéristiques importantes pour développer des pratiques agricoles plus durables.

4. Développement scientifique et recherche :

Ressource scientifique : Les graines sont une ressource précieuse pour les chercheurs qui étudient la génétique, la croissance et le développement des plantes, contribuant ainsi aux progrès scientifiques agricoles.

5. Patrimoine et coopération mondiale :

Coopération internationale : le coffre-fort représente la collaboration internationale face aux défis mondiaux. La Norvège le finance et l'exploite en collaboration avec le Global Crop Diversity Trust et le Nordic Genetic Resource Centre (NordGen).

Préserver le patrimoine culturel : les graines représentent également le patrimoine agricole de diverses cultures et régions, préservant des plantes ayant une importance culturelle pour diverses communautés.

6. Construction et emplacement :

Congélation naturelle : Étant donné que la voûte se trouve au fond d'une montagne dans le pergélisol arctique, elle maintient naturellement des températures glaciales, ce qui est idéal pour la conservation à long terme des graines.

Sécurité et stabilité : les graines sont protégées des catastrophes naturelles et causées par l'homme en raison de leur emplacement éloigné et de leur construction robuste.

Le Svalbard Global Seed Vault agit comme une police d'assurance mondiale essentielle pour la sécurité alimentaire, préservant les semences vitales pour les générations futures. Il représente un effort collectif pour protéger la biodiversité des cultures essentielles à la survie humaine et démontre l'importance de la coopération mondiale pour relever des défis tels que le changement climatique et la perte de biodiversité.

Explorer la réserve de semences

La visite du Svalbard Global Seed Vault peut être un ajout unique à votre itinéraire au Svalbard. Il est toutefois important de noter les conditions d'accès des visiteurs suivantes :

L'accès intérieur est restreint :

Aucune visite publique : Pour garantir la sécurité et les conditions de stockage optimales des graines, l'intérieur du Seed Vault n'est pas ouvert aux visites publiques.

Occasions spéciales : Le coffre-fort peut occasionnellement ouvrir ses portes pour des visites spéciales, souvent en conjonction avec des événements importants ou des visites VIP, mais celles-ci sont rares et inaccessibles au touriste en général.

Faire l'expérience de l'extérieur :

Accès extérieur : les visiteurs peuvent accéder à l'extérieur du coffre-fort. L'entrée, avec sa conception artistique, se détache dans le paysage.

Opportunités de photos : Avec les œuvres d'art illuminées et le décor arctique austère, l'extérieur offre une opportunité de photo unique en son genre.

Informations et affichages sur Longyearbyen :

Centres de visiteurs et musées : Divers centres et musées de Longyearbyen proposent des expositions informatives sur la Chambre forte des semences. Ces emplacements fournissent des informations sur son objectif, son fonctionnement et son importance.

Conférences et discussions : des conférences ou des conférences peuvent être données à l'occasion par des personnes associées au Seed Vault ou à des projets de conservation connexes.

Préparation de la visite :

Le Seed Vault se trouve à environ 15 minutes de route de Longyearbyen. C'est à mi-hauteur d'une montagne près de l'aéroport.

Le coffre-fort est accessible en taxi, en voiture de location ou dans le cadre d'une visite guidée comprenant un arrêt à l'extérieur.

Respecter le site : Il est essentiel de respecter le site lors de la visite car il ne s'agit pas seulement d'une attraction touristique mais également d'une installation essentielle pour la biodiversité agricole mondiale.

Les visiteurs doivent savoir :

Habillez-vous chaudement : Même en été, le temps peut être très froid et venteux, alors habillez-vous chaudement.

Visites guidées de Longyearbyen : recherchez des visites qui incluent des informations sur le Seed Vault dans le cadre de leur itinéraire.

Les jumelles sont utiles pour avoir une meilleure vue du paysage environnant et éventuellement de la faune.

Bien que les visites de la Réserve mondiale de semences du Svalbard ne soient pas autorisées, visiter l'extérieur et découvrir son importance grâce aux ressources locales de Longyearbyen peut être une expérience enrichissante. Il souligne l'importance mondiale de la conservation des semences et le rôle unique du Svalbard dans cet effort.

CHAPITRE DIX
Restauration et cuisine locales

Les restaurants du Svalbard offrent une expérience culinaire unique en son genre, combinant des ingrédients arctiques traditionnels avec des influences modernes et internationales. Voici un aperçu de la cuisine régionale et des options de restauration :

Ingrédients de l'Arctique :

La viande de renne est tendre et savoureuse et est couramment servie sous forme de steaks, de ragoûts ou de saucisses au Svalbard.

Omble chevalier et morue : poissons pêchés localement et servis de diverses manières, notamment fumés, grillés et dans de copieux ragoûts.

Phoque et baleine : Bien que moins courants, ils sont toujours utilisés dans les plats traditionnels. Les préférences personnelles et les considérations éthiques régissent leur consommation.

Baies et champignons : Cultivés dans la toundra pendant la courte saison estivale, ils ajoutent une saveur unique aux plats et aux desserts.

Possibilités de restauration :

Longyearbyen compte plusieurs restaurants haut de gamme qui servent des plats gastronomiques aux saveurs arctiques et internationales.

Restauration décontractée : Il existe également des options de restauration plus décontractées, telles que des cafés et des pubs, qui servent des repas copieux adaptés au climat arctique.

Cuisine internationale : des cuisines thaïlandaise, italienne et internationale sont disponibles au Svalbard, reflétant la communauté internationale.

Essayez ces spécialités :

Bidos : Un ragoût de renne traditionnel sami copieux et chaleureux, idéal pour le climat arctique.

Arctic Sushi : Sushis de poisson frais de l'Arctique, une version moderne des ingrédients locaux.

Lagopède du Svalbard : Un gibier à plumes local qui est souvent rôti ou mijoté.

Boissons brassées localement :

Svalbard Bryggeri : La brasserie la plus septentrionale du monde produit une large gamme de bières à base d'eau pure des glaciers.

Alcool arctique : certains établissements peuvent vendre des spiritueux et des liqueurs locaux.

Manger pour des raisons durables et éthiques :

D'origine locale : de nombreux restaurants mettent l'accent sur les ingrédients locaux et durables, reflétant la conscience environnementale de la région.

Disponibilité saisonnière : En raison du climat arctique, certains ingrédients ne sont disponibles que pendant certaines saisons.

Directives diététiques :

Options végétariennes et végétaliennes : Alors que la plupart des restaurants étaient autrefois riches en viande, ils proposent désormais des options végétariennes et végétaliennes.

Les restaurants sont généralement accommodants en matière d'allergies et de préférences alimentaires, mais il est toujours préférable de les informer à l'avance.

Suggestions de restaurants pour le Svalbard :

Les réservations sont fortement conseillées, notamment pour les établissements gastronomiques.

Code vestimentaire : la plupart des restaurants sont décontractés, mais certains établissements haut de gamme peuvent préférer une tenue élégante et décontractée.

L'eau du robinet de Longyearbyen est potable et de haute qualité.

Dîner au Svalbard est plus qu'un simple repas ; c'est un avant-goût de la culture et de l'environnement arctiques. L'accent mis sur les ingrédients locaux et les plats traditionnels offre un voyage culinaire unique dans l'un des endroits les plus reculés du monde, allant de la cuisine raffinée aux restaurants décontractés.

Aliments et boissons traditionnels

Les aliments et boissons traditionnels du Svalbard reflètent l'environnement arctique et les influences historiques. La cuisine se distingue par des plats copieux et chaleureux qui font souvent appel à des ingrédients locaux, notamment des fruits de mer et du gibier. Voici un bref aperçu :

La cuisine traditionnelle

Viande de renne :

Plats : Généralement servis avec un ragoût (Bidos), des steaks ou des saucisses.

Tendre et savoureux, rappelant le chevreuil.

Morue et omble chevalier :

Peut être fumé, grillé ou ajouté aux soupes et aux ragoûts.

Fraîchement pêché dans les eaux arctiques locales.

Baleine et phoque :

Importance historique : C'étaient autrefois des aliments de base dans le régime alimentaire traditionnel de l'Arctique.

La consommation à l'ère moderne est moins courante et est soumise à des considérations personnelles et éthiques.

Oiseaux de proie :

Le lagopède du Svalbard et les oiseaux marins en sont deux exemples.

Traditionnellement rôti ou utilisé dans de copieux ragoûts.

Boissons traditionnelles :

Boissons chaudes :

Le café et le thé sont essentiels pendant les mois froids et sont souvent aromatisés aux herbes arctiques.

Le chocolat chaud est une boisson populaire, surtout après les activités de plein air.

Boissons contenant de l'alcool :

Aquavit est un spiritueux traditionnellement aromatisé avec des herbes et des épices.

Bière locale : Svalbard Bryggeri brassée avec de l'eau pure glaciaire. C'est la brasserie la plus septentrionale du monde.

Whisky : certains bars locaux peuvent servir du whisky inspiré de l'Arctique.

Produits de boulangerie et desserts :

Multi-crème :

Des mûres (une baie locale) et de la crème fouettée sont utilisées pour préparer ce dessert.

Occasion : Un dessert populaire, surtout pendant les vacances.

Tartes aux baies arctiques :

Fabriqué avec des baies locales telles que la camarine noire et les myrtilles.

Caractéristique : Fréquemment vu dans les cafés et les restaurants locaux.

Influences modernes et alternatives alimentaires :

Le Svalbard propose une variété de cuisines internationales, reflétant sa communauté diversifiée.

Les options végétariennes et végétaliennes sont de plus en plus courantes dans les restaurants, bien que la cuisine traditionnelle soit fortement basée sur la viande et le poisson.

Conseils pour apprécier la cuisine traditionnelle

Restaurants locaux : De nombreux restaurants de Longyearbyen servent des plats traditionnels avec une touche moderne.

Visites gastronomiques : pour une expérience culinaire guidée, envisagez de faire une visite gastronomique.

Considérations éthiques : lorsque vous préparez des plats à base d'espèces protégées ou en voie de disparition, gardez à l'esprit les considérations de durabilité et d'éthique.

La cuisine traditionnelle du Svalbard est un mélange unique de survie dans l'Arctique, d'ingrédients locaux et d'influences culinaires modernes. Il donne un avant-goût de l'histoire de la région ainsi que de son adaptation au rude environnement arctique, offrant une expérience chaleureuse et satisfaisante à ceux qui ont le courage de s'aventurer dans le Grand Nord.

Suggestions de restaurants

Longyearbyen, la plus grande colonie du Svalbard, propose un large éventail d'options de restauration pour tous les goûts et préférences. Voici quelques restaurants qui servent une variété de cuisines, des plats traditionnels de l'Arctique aux saveurs internationales :

1. Restaurant Huset :

Cuisine raffinée mettant l'accent sur la cuisine arctique et norvégienne de haute qualité.

Le restaurant est réputé pour ses plats de gibier et sa vaste cave à vins.

Ambiance : Offre une expérience culinaire raffinée dans un cadre confortable et élégant.

2. Auberge :

Cuisine : Des plats traditionnels norvégiens et internationaux sont servis.

Spécialité : Connu pour ses repas copieux et ses burgers, idéaux après une journée d'exploration de l'Arctique.

L'atmosphère est détendue et rustique, avec une ambiance conviviale et décontractée.

3. L'entrepôt minier :

Cuisine raffinée mettant l'accent sur les ingrédients locaux.

Spécialité : Offre une expérience culinaire unique en son genre dans un bâtiment historique qui était autrefois utilisé pour le stockage minier.

Ambiance : Intimiste et cosy, avec un nombre de tables limité, il est donc conseillé de réserver.

4. Le pub Svalbard :

Cuisine : cuisine de style pub, comprenant des hamburgers, du poisson et des frites.

Spécialité : Un lieu de rencontre local populaire connu pour son atmosphère décontractée et sa bonne sélection de boissons.

Ambiance : décontractée et animée, avec de la musique live et des événements régulièrement.

5. Café Fruene :

Cuisine : Des repas légers, des pâtisseries et un excellent café sont disponibles.

Spécialité : Excellent pour le petit-déjeuner, le brunch ou le dessert.

Ambiance chaleureuse et accueillante avec un intérieur cosy.

6. Café & Boulangerie Rabalder :

Boulangerie et café qui sert des gâteaux, pâtisseries et repas légers faits maison.

Spécialités : pâtisseries fraîches et excellent café.

Ambiance décontractée et familiale.

7. Restaurant Nansen :

Cuisine : Un mélange de plats arctiques et internationaux est disponible.

L'accent est mis sur des ingrédients locaux de haute qualité.

Moderne et élégant, avec une vue imprenable.

Recommandations de restauration à Longyearbyen :

Réservations à l'avance : Il est préférable de réserver à l'avance, en particulier pour les établissements gastronomiques.

Code vestimentaire : La plupart des établissements sont décontractés, mais certains établissements gastronomiques peuvent préférer une tenue élégante et décontractée.

Ingrédients locaux : Ne manquez pas l'occasion de goûter aux spécialités régionales telles que le renne, l'omble chevalier et les fruits de mer frais.

Heures d'ouverture : Vérifiez les heures d'ouverture car elles peuvent varier, surtout en dehors de la haute saison touristique.

Conclusion :

La scène culinaire de Longyearbyen est étonnamment diversifiée, allant des cafés décontractés aux restaurants haut de gamme. Chaque établissement offre un aperçu distinct du monde culinaire arctique, mettant l'accent sur les ingrédients locaux et les plats traditionnels aux côtés de la cuisine internationale.

Stratégies alimentaires économiques

Manger avec un budget limité au Svalbard, en particulier à Longyearbyen, peut être difficile en raison de l'emplacement éloigné de l'île et du coût de la vie élevé. Il existe pourtant des moyens de savourer de bons plats sans se ruiner. Voici quelques conseils pour manger avec un budget limité :

1. Restauration autonome :

Hébergements avec cuisine : Sélectionnez les hébergements dotés d'une cuisine. Préparer vos repas peut vous aider à économiser de l'argent sur la nourriture.

Supermarchés locaux : faites vos courses dans les supermarchés locaux tels que Svalbardbutikken. Ils vendent une variété de produits, notamment des produits frais, des aliments surgelés et des produits secs.

2. Bistrots et cafés :

Offres spéciales pour le déjeuner : Certains cafés et bistros de Longyearbyen proposent des offres spéciales pour le déjeuner qui sont souvent moins chères que les menus du dîner.

Cafés : des endroits comme le Fruene Café et le Rabalder Café servent des pâtisseries, des sandwichs et du café à des prix abordables.

3. Nourriture de pub et de bar :

Pub Svalbard : Connus pour servir des portions copieuses à des prix raisonnables, les pubs comme le Svalbard sont idéaux pour un repas copieux sans se ruiner.

Offres spéciales Happy Hour : recherchez des offres spéciales Happy Hour pour des boissons et des collations à prix réduit.

4. Repas partagés :

Taille des portions au restaurant : La taille des portions au Svalbard peut être assez généreuse. Lorsque vous dînez au restaurant avec un compagnon, pensez à partager un repas.

5. Boulangeries du quartier :

Produits de boulangerie frais : les boulangeries offrent une option peu coûteuse pour le petit-déjeuner ou un déjeuner léger. Du pain, des viennoiseries et des sandwichs sont fréquemment disponibles.

6. Pique-nique :

Repas en plein air : S'il fait beau, préparez un pique-nique avec des articles des magasins locaux. C'est un excellent moyen de profiter de la beauté naturelle à couper le souffle du Svalbard.

7. Réductions pour les étudiants :

Réductions pour étudiants : apportez votre carte d'étudiant si vous êtes étudiant. Certains restaurants offrent des réductions aux étudiants.

8. Préparation des repas :

Budgétisation : Planifiez vos repas à l'avance pour éviter les achats impulsifs et coûteux, surtout pendant les vacances.

9. Eau :

L'eau du robinet est sûre : Économisez sur l'eau en bouteille, car l'eau du robinet à Longyearbyen est propre et potable.

10. Évitez de consommer de l'alcool :

Coût élevé : L'alcool coûte cher au Svalbard. Limiter ou éviter les boissons alcoolisées peut vous aider à contrôler votre budget alimentaire.

Bien que dîner au Svalbard puisse être coûteux, ces conseils peuvent vous aider à gérer vos dépenses alimentaires plus efficacement. Avec un peu de planification et quelques choix judicieux, vous pourrez profiter des offres culinaires de cette destination arctique unique sans dépenser trop.

Souvenirs et artisanat local

Le Svalbard propose une gamme de souvenirs uniques et d'artisanat local qui constituent les souvenirs parfaits pour votre aventure dans l'Arctique. Ces articles reflètent non seulement la culture et la beauté naturelle de la région, mais soutiennent également les artisans et entreprises locaux. Voici un guide de certains des souvenirs et de l'artisanat que vous pouvez trouver au Svalbard :

1. Produits à base de renne du Svalbard :

Artisanat : les objets fabriqués à partir de rennes du Svalbard comprennent des peaux, des bois et même des objets artisanaux comme des couteaux avec des manches en bois de cerf.

Durabilité : La chasse au renne au Svalbard est strictement réglementée pour garantir la durabilité.

2. Souvenirs sur le thème de l'ours polaire :

Variété : découvrez une gamme d'articles sur le thème de l'ours polaire, des jouets et vêtements en peluche aux œuvres d'art et cartes postales. N'oubliez pas que les produits à base d'ours polaires sont illégaux en raison des lois sur la conservation.

3. Art et photographie locaux :

Œuvres d'art : des artistes locaux créent des peintures, des dessins et des sculptures inspirés du paysage et de la faune arctique.

Photographie : des photographies professionnelles des superbes paysages et de la faune du Svalbard constituent de superbes œuvres d'art murales.

4. Souvenirs de la Réserve mondiale de semences du Svalbard :

Objets : Souvenirs liés au Global Seed Vault, comme des cartes postales et des livrets d'information.

Éducatif : ces articles ne sont pas seulement des souvenirs, mais contribuent également à faire connaître les efforts mondiaux de conservation des semences.

5. Bijoux inspirés de l'Arctique :

Dessins : Bijoux présentant des motifs arctiques, tels que des ours polaires, des aurores boréales et des glaciers, souvent fabriqués par des artisans locaux.

Matériaux : recherchez des objets fabriqués avec des matériaux locaux comme le charbon ou les pierres du Svalbard.

6. Produits de la brasserie Svalbard :

Bière : les bouteilles de bière artisanale de la brasserie la plus septentrionale du monde, Svalbard Bryggeri, sont des souvenirs populaires.

Marchandises : marchandises de marque comme des lunettes et des t-shirts.

7. Artisanat et tricots :

Tricots : articles en laine comme des pulls, des chapeaux et des mitaines, tricotés à la main par des artisans locaux.

Artisanat unique : artisanat fait à la main utilisant des techniques traditionnelles et des thèmes arctiques.

8. Livres et cartes :

Exploration de l'Arctique : livres sur l'histoire, la faune et l'exploration du Svalbard.

Cartes : Cartes détaillées de l'archipel, idéales pour les amateurs de plein air et comme souvenirs.

Conseils pour acheter des souvenirs

Authenticité : Achetez dans des magasins réputés pour garantir l'authenticité, en particulier pour les articles prétendument fabriqués ou d'origine locale.

Réglementations : Soyez conscient des réglementations douanières de votre pays d'origine, notamment lors de l'achat de produits d'origine animale.

Soutenir local : acheter auprès d'artisans et de magasins locaux contribue à soutenir la communauté du Svalbard.

Les souvenirs et l'artisanat local du Svalbard ne sont pas seulement des souvenirs, mais aussi un moyen de se souvenir et de partager les expériences uniques de cette région arctique isolée. Ils représentent la culture, la faune et la beauté naturelle du Svalbard, ce qui en fait des cadeaux spéciaux pour vous-même ou pour vos proches.

20 conseils essentiels pour la location de voitures au Svalbard

Si vous envisagez de louer un véhicule à Svalbard pour vos prochaines vacances, vous avez fait un choix judicieux ! Mais il y a quelques choses que vous devez savoir avant d'en louer un !

Ce chapitre passera en revue tout ce que vous devez savoir avant de louer un véhicule à Svalbard, des meilleurs types d'automobiles à louer à quelques conseils de conduite de base.

De quoi avez-vous besoin pour une location de voiture à Svalbard ?

Il y a quelques choses que vous devez savoir avant de louer un véhicule à Svalbard.

Pour commencer, vous devez posséder un permis de conduire valide depuis au moins un an. Heureusement, si vous venez d'un pays de l'EEE (Espace économique européen), c'est tout ce dont vous avez besoin pour louer une voiture.

Si vous possédez un permis d'un autre pays, vous pouvez généralement l'utiliser pendant trois mois maximum, même si votre séjour est de courte durée.

Si vous n'êtes pas sûr, cela vaut quand même la peine d'obtenir un permis de conduire international, car ils sont généralement assez bon marché.

Malheureusement, la plupart des sociétés de location à Svalbard exigent une carte de crédit.

Ceci est fait pour qu'une charge de retenue puisse être appliquée à la carte si l'automobile est restituée endommagée ou volée.

Certaines entreprises vous permettent de louer une voiture en utilisant une carte de débit, mais vous devez vérifier cela à l'avance.

Où puis-je trouver une voiture à Svalbard ?

De nombreux visiteurs du Svalbard atterrissent à Oslo, la capitale de la Norvège. Il existe désormais deux aéroports à proximité de la ville : Oslo Lufthavn (à 50 kilomètres du centre-ville) et l'aéroport de Torp Sandefjord (à 110 kilomètres), avec plusieurs avions low-cost desservant ce dernier.

Les deux aéroports comptent des sociétés de location reconnues, notamment Avis, Europcar, Hertz et Sixt, tandis qu'Oslo Lufthavn propose un choix plus large.

Assurance de location de voiture à Svalbard

Peu importe où vous comptez louer un véhicule, vous devez toujours vérifier votre assurance, car les sociétés de location peuvent être délicates à ce sujet.

Une assurance incendie et responsabilité civile doit être incluse avec votre location au Svalbard.

L'assurance collision sans franchise (CDW) est généralement également couverte, vous n'aurez donc pas à vous soucier de votre assurance.

Remarque : si vous n'avez pas d'assurance complète (comme moi), je vous suggère de l'acheter au moment de la réservation via Discover Cars. C'est assez bon marché et j'ai déjà dû l'utiliser en Finlande. Discover Cars m'a remboursé dans la semaine suivant ma réclamation.

Cependant, certaines sociétés de location peuvent proposer des formules d'assurance plus complètes, qui peuvent inclure une protection contre le vol et une franchise moins chère, donc si cela ne vous dérange pas de payer un peu plus, cela vaut la peine d'y réfléchir.

Si vous ne souhaitez pas souscrire une assurance complémentaire, le coût variera en fonction de ce que vous incluez et du transporteur que vous choisissez.

Enfin, nous vous suggérons d'avoir toujours sur vous vos documents d'assurance afin d'avoir la police d'assurance à portée de main en cas de problème.

Points à considérer avant de louer une voiture à Svalbard

1. Les restrictions d'âge pour la location de voitures à Svalbard

L'une des choses les plus importantes à savoir avant de louer un véhicule à Svalbard est la restriction d'âge minimum. Pour louer un véhicule dans le pays, vous devez avoir 19 ans et être titulaire de votre permis depuis au moins un an.

De plus, certaines entreprises ne louent qu'à toute personne de plus de 21 ans, alors vérifiez bien avant de réserver.

Si vous avez moins de 25 ans, vous devrez probablement payer un supplément jeune conducteur, qui sera ajouté au tarif de location.

Gardez à l'esprit que votre âge influencera le type de voiture que vous pourrez louer.

2. Assurez-vous d'être conscient des exigences de location en hiver.

Le climat hivernal du Svalbard est exceptionnellement rigoureux, avec une abondance de neige, de glace et des températures froides.

Les conditions ont également tendance à se détériorer à mesure que l'on s'éloigne vers le nord, alors gardez cela à l'esprit.

Si vous souhaitez visiter le Svalbard en hiver, votre voiture doit être équipée de pneus hiver. Ces pneus offriront une traction améliorée par temps de neige.

Cependant, les chaînes à neige ne sont pas nécessaires, vous n'en aurez donc pas besoin.

Les entreprises de location seront dans tous les cas conscientes des règles de location hivernales, mais vérifiez bien lorsque vous récupérez votre voiture.

Vous conduirez illégalement si les pneus d'hiver ne sont pas installés avant la collecte.

3. Déterminez si vous avez besoin d'une location aller simple

Le Svalbard est l'un des plus grands pays d'Europe, il y a donc beaucoup à voir et à faire.

En conséquence, de nombreux clients optent pour des locations en aller simple, qui leur permettent de récupérer le véhicule à un endroit et de le restituer à un autre.

De plus, le Svalbard est entouré de la Finlande, de la Suède et de la Russie. Certains visiteurs choisissent donc de poursuivre leur voyage en Europe.

Instructions de conduite au Svalbard :

Conduire au Svalbard (avec un véhicule loué en Finlande)

Si tel est le cas, vous devrez choisir un fournisseur proposant à la fois des locations en aller simple et à travers le pays.

De nombreuses sociétés de location proposent ce service ; cependant, cela coûte parfois plus cher.

Assurez-vous de bien vérifier avant de réserver, car entrer dans un autre pays sans préavis peut annuler votre assurance.

4. Louer au Svalbard est plus cher que dans les autres pays de l'UE.

Bien qu'il existe des exceptions, la réservation au Svalbard est généralement plus coûteuse que la location d'un véhicule en Finlande, en Suède ou au Danemark.

De plus, si vous n'êtes pas citoyen de l'UE/EEE, les coûts sont pratiquement toujours plus élevés.

Donc, si le Svalbard n'est pas votre seule étape de votre voyage en Scandinavie/Nordiques, j'envisage fortement d'estimer les prix dans un autre pays et de réacheminer votre voyage pour commencer et terminer là-bas, plutôt qu'au Svalbard !

Si vous conduisez depuis la Finlande/Suède vers le Svalbard, vous devrez peut-être payer une taxe supplémentaire de « passage des frontières », bien qu'elle ne coûte qu'environ 60 euros et puisse encore revenir moins cher.

5. Réservez tôt pour les meilleurs prix

Le Svalbard dispose de nombreux transports en commun, même si de nombreuses personnes choisissent de louer un véhicule pour se déplacer. Non seulement cela vous donne de la liberté, mais cela coûte généralement moins cher à long terme.

Le Svalbard étant une destination très populaire pour les road trips, les locations peuvent rapidement se vendre, en particulier pendant l'été. Par conséquent, nous vous suggérons de planifier votre location à l'avance pour bénéficier des meilleures réductions.

Nous utilisons Discover Cars chaque fois que nous y allons car il propose les meilleurs prix.

C'est également assez simple à utiliser ; entrez simplement vos dates et votre emplacement, et la disponibilité de la voiture pour cette période vous sera affichée.

6. Ayez une idée du type de véhicule dont vous aurez besoin.

Le Svalbard est l'un des pays les plus montagneux d'Europe, c'est pourquoi avoir un itinéraire général est une bonne idée.

De cette façon, vous saurez si vous vous en tenez aux grands axes ou si vous vous aventurez dans des régions plus rurales.

Si vous vous rendez uniquement dans les grandes attractions touristiques et que vous vous en tenez aux autoroutes principales, une modeste automobile suffira.

Ceux qui souhaitent traverser les zones vallonnées du Svalbard (en particulier en hiver) peuvent rencontrer des pentes raides, des routes limitées et des terrains rocheux. Un 4X4 peut donc être nécessaire.

CONSEIL D'INITIÉ : Je n'ai jamais loué de 4x4 à Svalbard car j'aime les véhicules plus petits. Les routes de l'ouest sont ÉTROITES, ce qui rend difficile la conduite d'un véhicule plus gros. Ils consomment également du gaz.

Gardez toutefois à l'esprit qu'ils sont parfois nettement plus coûteux.

7. Louer un véhicule électrique à Svalbard

Vous pourrez peut-être louer une voiture électrique à Svalbard tout en louant une voiture. Ou ils peuvent simplement vous demander si vous souhaitez la mise à niveau !

Bien qu'il s'agisse d'un excellent choix, vous devez vérifier que vous êtes à l'aise et que vous pouvez recharger votre voiture tout au long de votre(vos) voyage(s).

Lors de mon dernier voyage au Svalbard, on m'a demandé si je souhaitais passer à une automobile électrique. Oui, j'ai dit !

Recharge de véhicules électriques au Svalbard

Trouver des emplacements pour recharger votre véhicule électrique peut être difficile. Je vous propose de télécharger l'application 'Elton'.

Vous pouvez saisir votre itinéraire dans cette application et elle vous montrera les bornes de recharge tout au long du parcours.

Elle vous permet également de tout payer et de tout synchroniser en un seul endroit (pour être honnête, ma carte américaine ne fonctionnait pas sur de nombreuses bornes de recharge qui n'étaient pas sur cette application).

Les bornes de recharge ne sont pas toutes identiques ; certains sont des chargeurs rapides (peuvent être complétés en 20 à 30 minutes), tandis que d'autres peuvent nécessiter une nuit.

Alors planifiez bien votre voyage !

8. Avant de réserver, vérifiez les politiques de carburant et de kilométrage.

Vous devez toujours vérifier les règles de kilométrage et de carburant de l'entreprise avant de louer un véhicule. Même si ce n'est généralement pas le cas des organismes de renom, certains loueurs peuvent se montrer plutôt sournois !

Ce qui est fantastique à propos du Svalbard, c'est que la plupart des entreprises proposent des miles illimités, vous n'aurez donc pas à payer de frais supplémentaires.

Si possible, procurez-vous une location qui inclut cela afin de ne pas avoir à vous soucier du nombre de kilomètres que vous parcourez.

Avant de réserver votre voiture, vérifiez la politique en matière de carburant.

La politique « plein à plein » est souvent utilisée, dans laquelle vous prenez en charge l'automobile avec un réservoir plein et devez la restituer dans le même état.

9. Comment économiser de l'argent sur les voitures de location

Si vous êtes comme nous, vous êtes constamment à la recherche de méthodes moins coûteuses pour accomplir les choses !

Comme indiqué précédemment, nous trouvons que Discover Cars propose les meilleurs prix et nous avons eu des affaires incroyables avec eux dans le passé.

Mieux encore, Discover Cars propose une annulation gratuite, vous permettant de réserver votre voiture à l'avance sans craindre de perdre de l'argent si vos projets changent.

Nous conseillons aux personnes qui cherchent à économiser de l'argent d'éviter les locations en aller simple, qui peuvent être plus coûteuses.

Une automobile plus petite vous fera également économiser de l'argent, même si vous découvrirez peut-être qu'un autre véhicule est plus adapté à vos besoins.

10. Inspectez votre location lors du ramassage

Après avoir réservé votre voiture, il ne vous reste plus qu'à la récupérer à l'aéroport ou au dépôt de location. Assurez-vous d'examiner la voiture avant de quitter le lieu de prise en charge.

Certaines entreprises à travers le monde sont connues pour louer des voitures mal entretenues et tenter ensuite de vous facturer les dommages à leur retour (Green Motion a été gênant pour moi - j'ai eu une expérience négative avec cela !).

Bien qu'il ne s'agisse pas d'une « arnaque connue » au Svalbard, il est prudent de se méfier.

Pour minimiser de tels problèmes, nous vous suggérons généralement de photographier le véhicule, en particulier si vous constatez des imperfections, des rayures ou des taches.

Heureusement, si vous travaillez avec une organisation fiable, vous risquez moins de rencontrer de tels problèmes !

11. Vous conduirez du côté droit de la route.

Si vous venez d'Australie, du Japon ou du Royaume-Uni, vous avez probablement l'habitude de conduire sur le côté gauche de la route.

Le Svalbard, comme le reste de l'Europe, conduit à droite, cela peut donc être une idée nouvelle pour certains !

Ceux qui ne savent pas conduire à droite devraient récupérer leur voiture de location et la conduire dans un endroit calme.

Cela vous permet de vous entraîner à conduire de l'autre côté de la route avant d'embarquer, roi de vos vacances.

Si cela vous inquiète, cela ne fait jamais de mal de regarder des cours en ligne et des vidéos YouTube pour vous familiariser avec le code de la route.

12. Au Svalbard, il n'y a pas de parking.

Le Svalbard dispose de plusieurs parkings, même si tous ne sont pas gratuits. Si votre budget est serré, renseignez-vous sur le parking gratuit le plus proche.

Lorsque vous louez un véhicule à Svalbard, vous devez payer tous les frais de stationnement au moment du stationnement ; vous ne pouvez pas les payer plus tard, comme pour les ferries.

Easypark est un logiciel de stationnement qui affiche les garages et parkings locaux et vous permet de payer directement depuis l'application.

Je vous conseille fortement de le télécharger avant vos vacances !

13. Gardez un œil sur la limite de vitesse affichée.

La dernière chose que vous souhaitez faire pendant votre voyage est d'obtenir une contravention pour excès de vitesse, alors gardez un œil sur la limite de vitesse.

Le Svalbard prend la vitesse extrêmement au sérieux et des radars peuvent être trouvés partout sur l'île. Les sanctions sont également exorbitantes.

REMARQUE : Le Svalbard n'a peut-être pas autant de panneaux de limitation de vitesse que les autres pays. Si vous disposez d'un navigateur/GPS, il vous indiquera généralement la limite de vitesse, mais gardez simplement à l'esprit de rester à 50 km/h dans les villes et à 80 km/h en dehors jusqu'à ce que vous remarquiez le contraire.

Dans les villes et les zones métropolitaines, la limite de vitesse est souvent fixée à 50 km/h (31 mph). Sur les autoroutes ouvertes, cette vitesse s'élève à 88 km/h (49 mph).

Sauf indication contraire par la signalisation, la limite de vitesse sur les routes principales est normalement de 90 km/h (55 mph).

L'ouest du Svalbard a des restrictions de vitesse inférieures à celles d'Oslo et d'autres régions du pays.

Ceux qui se rendent au Svalbard pendant l'hiver conduiront presque certainement plus lentement que la limite de vitesse.

14. Gardez un œil sur tout danger.

Les routes du Svalbard sont généralement bien entretenues, même si certaines sont assez étroites, en particulier dans les zones vallonnées du pays, conduisez donc avec prudence.

Lorsque vous voyagez dans des régions rurales, gardez un œil sur les animaux, car on sait que les wapitis, les élans et les cerfs se précipitent dans la circulation.

Remarque : les rennes sont fréquents sur les routes du nord du Svalbard. Ils sont plus méfiants que les rennes finlandais (qui campent sur la route), alors gardez-les à l'œil à tout moment !

Les troupeaux de rennes se retrouvent également sur les autoroutes pour les visiteurs visitant les régions du Nord.

Conduire en hiver comporte ses propres défis, comme la neige et le verglas. Les journées sont également courtes cette saison, vous voyagerez donc souvent dans le noir.

Il faut également faire attention aux grandes distances entre les stations-service.

15. Conduire ensemble

Il y a beaucoup de camping-cars et de motos au Svalbard.

De nombreux Allemands et Néerlandais viennent ici pour de longues vacances et amènent leur camping-car.

Soyez simplement prudent lorsque vous approchez des virages raides ou des endroits aveugles, car vous ne savez jamais quand quelqu'un pourrait vous surprendre !

Si vous vous trouvez dans un endroit éloigné avec de nombreuses routes ouvertes, vous pouvez les laisser passer en tirant légèrement vers la droite et en ralentissant.

Sur la péninsule de Varanger, je voulais y aller tranquillement et laisser tout le monde me dépasser pour pouvoir apprécier la beauté (et les moutons).

16. Vous pourriez vous retrouver sur un ferry

Le Svalbard abrite d'innombrables îles (en réalité, 239 057 !) et vous vous retrouverez certainement sur un bateau à un moment donné, surtout si vous partez du côté ouest du pays.

Certaines îles sont reliées entre elles par des tunnels sous-marins, d'autres par des ponts et d'autres encore par des ferries.

Heureusement, la procédure est simple (et plutôt excellente – les ferries du Svalbard sont fantastiques).

Si vous louez une voiture à Svalbard, le véhicule sera généralement livré avec un pass automatique qui inclut ces ferries. Cependant, les péages du ferry vous SERONT facturés après la durée de votre location.

CONSEIL D'INITIÉ : Les automobiles électriques bénéficient de tarifs de ferry considérablement réduits à Svalbard. Lorsque nous avons reçu la facture après notre location d'une voiture électrique, j'ai été étonné de voir à quel point nos ferries étaient bon marché !

Cependant, clarifiez cela avec votre prestataire de location de véhicules au moment de la prise en charge pour tout confirmer.

17. Assurez-vous d'avoir un GPS

La réception téléphonique est généralement excellente dans tout le Svalbard et vous pouvez recevoir la 4G et la 5G dans la plupart des endroits.

Cependant, si vous visitez les régions les plus reculées du pays, la connexion téléphonique n'est pas toujours garantie, ce qui peut constituer un problème sérieux.

Remarque : Si vous disposez d'un navigateur dans votre véhicule, la limite de vitesse sera probablement affichée sur le navigateur. C'est incroyablement utile !

Par conséquent, nous vous suggérons d'utiliser le GPS pour votre trajet routier. Il peut s'agir d'un gadget Garmin portable ou d'un système de navigation par satellite, mais ils sont souvent facturés en supplément lors de la location d'un véhicule.

De cette façon, vous n'aurez pas besoin d'une connexion Internet pour vous déplacer, ce qui est un avantage non négligeable, surtout si vous partez dans la nature sauvage du pays.

D'un autre côté, Google Maps (cartes hors ligne) fonctionne bien au Svalbard, alors téléchargez-en une avant de partir.

18. Créez un itinéraire intrigant

De nombreux touristes choisissent de commencer leur voyage au Svalbard à Oslo, la capitale car elle a tant à offrir.

De là, vous pourrez continuer le long de la côte en vous arrêtant dans des endroits fantastiques le long du parcours.

Bergen, Tromso, Stavanger et Geirangerfjord (depuis Lesund ou à proximité) sont parmi les meilleurs endroits à visiter au Svalbard.

N'oubliez pas les îles Lofoten, qui abritent certains des paysages les plus époustouflants du pays, ainsi que les célèbres fjords du Svalbard.

La Norvège est un autre excellent endroit si cela ne vous dérange pas de voyager depuis le continent.

Bien qu'il s'agisse d'une île, vous n'aurez pas besoin de votre voiture de location car il n'y a pas beaucoup de routes (et vous ne pouvez pas quitter des endroits précis sans guide).

19. Camping sauvage du Svalbard (et Allemannsretten)

Le camping sauvage est autorisé au Svalbard à condition que vous ne soyez pas sur un territoire privé (la plupart des terrains sont publics).

Cela est dû à un droit connu sous le nom d'Allemannsretten, qui stipule que tout homme a le droit d'atterrir au Svalbard.

En conséquence, vous pouvez planter une tente partout où il n'y a pas d'avis l'interdisant (mais pas à proximité des habitations).

Sachez que les camping-cars ne peuvent être garés nulle part.

20. Restitution de votre location

Il est maintenant temps de restituer votre automobile. Bien entendu, l'emplacement sera déterminé par le fait que vous ayez acheté ou non une location aller simple, alors gardez cela à l'esprit.

La majorité des visiteurs arrivent et partent du Svalbard par avion, c'est pourquoi ils louent une voiture à l'aéroport.

Après la visite, vous restituerez la voiture de location au même endroit, ce qui est très utile si vous avez un vol à prendre.

Avant de signer des papiers, la société de location effectuera une brève inspection de la voiture pour rechercher tout dommage.

Prévoyez suffisamment de temps si vous voyagez à l'étranger, juste au cas où la compagnie aérienne serait en retard.

Itinéraire détaillé de 7 jours

Jour 1 : Arrivée et exploration de Longyearbyen

Matin : Arrivée à Longyearbyen

Arrivée du vol : votre aventure au Svalbard commence avec votre arrivée à l'aéroport du Svalbard, Longyear. Après l'atterrissage, prenez un moment pour vous imprégner du paysage arctique.

Transfert vers l'hébergement : utilisez le service de navette aéroport ou un taxi pour rejoindre votre hébergement à Longyearbyen. Enregistrez-vous et prenez le temps de vous installer.

Promenez-vous en ville : Familiarisez-vous avec Longyearbyen en vous promenant. Visitez l'église du Svalbard, l'église la plus septentrionale du monde, et promenez-vous le long de la rue principale pour ressentir l'ambiance unique de cette ville arctique.

Après-midi : Visite du musée du Svalbard

Déjeuner en ville : savourez un repas dans l'un des cafés chaleureux de Longyearbyen. Essayez quelques spécialités locales comme la soupe de renne ou l'omble chevalier.

Musée du Svalbard : passez votre après-midi au musée du Svalbard pour en apprendre davantage sur l'histoire naturelle de la région et l'impact humain sur cet environnement fragile. C'est un excellent moyen de comprendre le contexte de votre visite.

Soirée : Chasse aux aurores boréales (hiver) / Expérience du soleil de minuit (été)

Dîner avec vue : Pour le dîner, choisissez un restaurant proposant des plats d'inspiration arctique. Des endroits comme Huset ou Kroa proposent une excellente cuisine locale.

Northern Lights Chase (hiver) : Si vous visitez en hiver, participez à une visite des aurores boréales en soirée. C'est une expérience magique que de rechercher les aurores boréales dans le ciel sombre de l'Arctique.

Soleil de minuit (été) : Si c'est l'été, profitez de l'expérience surréaliste du soleil de minuit. Une promenade ou une soirée détendue dans un pub local sous le ciel nocturne est une expérience inoubliable.

Jour 2 : Safari animalier et promenade historique

Matin : Safari Animalier

Départ tôt : commencez votre journée par un safari animalier tôt le matin. Il peut s'agir d'une excursion en bateau pour observer les morses, les baleines et les oiseaux de mer, ou d'une visite guidée en véhicule pour repérer les renards arctiques et les rennes.

Pack de collations : apportez des collations et des boissons chaudes pour le voyage.

Après-midi : promenade historique et déjeuner

Déjeuner en ville : Au retour du safari, déjeunez dans un café local. Essayez des plats norvégiens traditionnels.

Promenade historique : après le déjeuner, faites une visite guidée à pied historique de Longyearbyen. Découvrez son histoire minière et explorez d'anciens sites miniers.

Soirée : Cuisine gastronomique arctique

Expérience gastronomique : Pour le dîner, visitez un restaurant haut de gamme comme Huset, connu pour son menu arctique exquis et sa cave à vin de classe mondiale.

Soirée détente : passez le reste de la soirée à vous détendre. Promenez-vous dans la ville ou, si c'est l'hiver, surveillez les aurores boréales.

Jour 3 : Aventure en traîneau à chiens et visite de la grotte de glace

Matin : Traîneau à chiens

Tour en traîneau à chiens : Embarquez pour une visite en traîneau à chiens. Cette expérience exaltante vous donne l'occasion de conduire votre attelage de chiens à travers le paysage arctique.

Vêtements chauds : Habillez-vous chaudement pour l'aventure.

Après-midi : Exploration des grottes de glace

Déjeuner pendant la visite : généralement, le déjeuner est fourni pendant la visite en traîneau à chiens.

Exploration des grottes de glace : après votre retour, partez à la découverte d'une grotte de glace. Cela peut être une randonnée guidée ou une excursion en motoneige selon la saison.

Soirée : dîner décontracté et bière locale

Dîner au Svalbard Pub : Profitez d'un dîner décontracté au Svalbard Pub. Dégustez des bières locales et des plats de pub copieux.

Observation des étoiles : Si le ciel est dégagé, terminez votre journée en observant les étoiles.

Jour 4 : excursion d'une journée à Barentsburg

Matin : Départ pour Barentsburg

Bateau ou motoneige jusqu'à Barentsburg : Selon la saison, voyagez en bateau ou en motoneige jusqu'à la colonie russe de Barentsburg.

Explorez à votre arrivée : admirez l'architecture russe et visitez le musée Pomor.

Après-midi : Expériences culturelles

Déjeuner à Barentsburg : Dégustez une cuisine russe dans un restaurant local.

Spectacles culturels : assistez à un spectacle culturel ou visitez la galerie d'art.

Soirée : Retour à Longyearbyen

Dîner de retour à Longyearbyen : à votre retour, dînez dans l'un des restaurants de Longyearbyen.

Temps libre : passez votre soirée tranquillement, peut-être en visitant une galerie locale ou une boutique de souvenirs.

Jour 5 : Randonnée glaciaire et atelier photographie

Matin : Randonnée glaciaire

Randonnée guidée sur glacier : participez à une randonnée guidée vers l'un des glaciers accessibles du Svalbard.

Panier-repas : la plupart des circuits proposent un panier-repas.

Après-midi : Atelier Photographie

Atelier de photographie : Participez à un atelier de photographie axé sur les paysages et la faune arctiques.

Séance de pratique : utilisez vos nouvelles compétences avec une séance photo en soirée, capturant les paysages de Longyearbyen.

Soirée : BBQ arctique

Dîner barbecue arctique : Certaines visites proposent une expérience barbecue arctique en soirée, une façon unique de savourer la cuisine locale.

Jour 6 : Kayak et musées de Longyearbyen

Matin : Kayak arctique

Excursion en kayak : embarquez pour une excursion en kayak dans les eaux calmes de l'Arctique. C'est une manière paisible d'explorer les fjords et de se rapprocher de la nature.

Observation de la faune : gardez un œil sur la faune marine.

Après-midi : Visites de musées

Déjeuner en ville : Après le kayak, déjeunez dans un café local.

Visite des musées : passez votre après-midi à visiter d'autres musées et galeries locaux, tels que le musée de l'expédition au pôle Nord.

Soirée : conférence sur les aurores boréales et les aurores boréales (hiver) ou randonnée sous le soleil de minuit (été)

Conférence éducative ou randonnée : selon la saison, assistez à une conférence sur les aurores boréales ou partez pour une randonnée sous le soleil de minuit.

Dîner : Dînez détendu dans votre hébergement ou dans un restaurant local.

Jour 7 : Journée loisirs et départ

Matin : temps libre

Shopping de dernière minute : profitez de votre dernière matinée pour faire des achats de dernière minute. Achetez des souvenirs et de l'artisanat local.

Petit-déjeuner décontracté : savourez un petit-déjeuner tranquille dans votre hébergement ou dans un café local.

Après-midi : Départ

Check-Out : En fonction de votre horaire de vol, quittez votre hébergement.

Transfert aéroport : dirigez-vous vers l'aéroport de Svalbard pour votre départ, emportant avec vous les souvenirs de votre vie dans la nature arctique.

Votre itinéraire de 7 jours au Svalbard est un mélange d'aventure, d'éducation et de détente, offrant une expérience complète de l'environnement, de la culture et de la faune arctique. Chaque jour apporte un nouvel aspect du Svalbard à explorer, garantissant un voyage rempli de moments inoubliables.

CHAPITRE ONZE

Informations pratiques et conseils

Visiter le Svalbard est une aventure extraordinaire, mais elle nécessite une planification minutieuse en raison de son environnement arctique unique et de son éloignement. Voici des conseils et informations pratiques pour assurer un voyage agréable et sécuritaire :

1. Documents de voyage :

Passeport : Un passeport valide est requis. Bien que le Svalbard soit sans visa, vous passerez probablement par la Norvège, qui fait partie de l'espace Schengen, alors vérifiez si vous avez besoin d'un visa Schengen.

Assurance voyage : assurez-vous qu'elle couvre les activités spécifiques à l'environnement arctique, y compris les services d'évacuation et de sauvetage.

2. Devise et paiements :

Monnaie : La couronne norvégienne (NOK) est la monnaie officielle.

Cartes et espèces : Les cartes de crédit sont largement acceptées. Il est toutefois conseillé d'avoir sur soi de l'argent liquide, surtout pour les petits établissements ou en cas d'urgence.

3. Tenue vestimentaire appropriée :

Vêtements superposés : Même en été, les températures peuvent baisser. Habillez-vous avec des couches qui peuvent être facilement ajoutées ou supprimées.

Équipement imperméable et coupe-vent : essentiel pour les activités de plein air.

4. Santé et sécurité :

Installations médicales : limitées au Svalbard. Apportez les ordonnances requises et soyez informé de votre couverture d'assurance maladie.

Sécurité des ours polaires : lorsque vous vous promenez au-delà des villes, vous devez être accompagné d'un guide armé pour vous protéger contre les ours polaires.

5.Communications :

Réseau mobile : limité en grande partie à Longyearbyen et Barentsburg. Vérifiez auprès de votre fournisseur de services pour connaître la couverture.

Wi-Fi : disponible dans la plupart des hôtels et dans certains espaces publics de Longyearbyen.

6. Transport :

S'y rendre : Des vols réguliers relient Oslo ou Tromsø en Norvège continentale à Longyearbyen.

Transports locaux : à Longyearbyen, les alternatives incluent les taxis, les voitures de location et les vélos. Pour les destinations lointaines, les voyages organisés sont la norme.

7. Hébergement :

Réservation à l'avance : Surtout pendant les hautes saisons (aurores boréales en hiver, soleil de minuit en été).

Options : vont des hôtels et maisons d'hôtes aux auberges et campings.

8. Restauration et nourriture :

Épiceries : Pour préparer vos repas, il y a des épiceries à Longyearbyen.

Restaurants : offrent une variété d'alternatives allant de la nourriture locale à la nourriture étrangère, même si manger au restaurant peut être coûteux.

9. Achats et remboursement de la TVA :

Artisanat local : recherchez des objets d'artisanat local distinctifs comme souvenirs.

Remboursement de la TVA : les citoyens non européens peuvent avoir droit à un remboursement de la TVA sur certaines transactions.

10. Considérations pour l'environnement :

Respectez les animaux : Maintenez une distance de sécurité avec les animaux et ne détruisez pas leurs habitats naturels.

Ne laissez aucune trace : faites attention à vos effets environnementaux. L'écologie arctique est très vulnérable.

11. Numéros d'urgence :

Urgence générale : 112

Policiers : 113

Voyager au Svalbard est une expérience fantastique, offrant des possibilités rares d'observer les paysages et les animaux de l'Arctique. En planifiant de manière appropriée et en respectant les normes locales et l'environnement, vous pouvez garantir des vacances sûres, amusantes et respectueuses dans ce coin unique du monde.

Étiquette et coutumes

L'observation des mœurs et des traditions locales est essentielle pour une visite courtoise et agréable au Svalbard. Malgré sa position isolée, le Svalbard possède un ensemble distinct de normes sociales façonnées par sa société diversifiée et son environnement arctique :

1. Respect de la nature :

Sensibilité environnementale : L'environnement du Svalbard est délicat. Conformez-vous toujours aux règles locales en matière de protection de l'environnement.

Dérangement des animaux : Ne pas déranger les animaux. Gardez une distance de sécurité et évitez les bruits forts qui peuvent effrayer les animaux.

2. Protection des ours polaires :

Sensibilisation et prudence : les ours polaires constituent une grave menace au Svalbard. Ne vous en approchez jamais et suivez les recommandations de sécurité émises par votre guide ou les autorités locales.

3. S'habiller convenablement :

L'aspect pratique plutôt que la mode : Le code vestimentaire du Svalbard est généralement informel et pratique, adapté à l'environnement arctique. Privilégiez la chaleur et le confort.

4. Interaction avec les sections locales :

Conviviale et ouverte : La communauté du Svalbard est réputée pour être amicale. Une manière agréable et attentionnée est toujours appréciée.

Confidentialité : même si les individus sont généralement amicaux, respectez leur vie privée, en particulier lorsque vous prenez des photos.

5. Étiquette de pourboire :

Restaurants et services : Le pourboire n'est pas nécessaire mais apprécié pour l'excellent service. Environ 10 % est normal si vous êtes satisfait du service.

6. Consommation d'alcool :

Réglementation : Les restrictions en matière d'alcool au Svalbard sont sévères, avec un système de quotas pour les habitants. Buvez de manière responsable et respectez les règles locales.

7. Étiquette d'achat :

Soutenir les entreprises locales : L'achat de produits et d'artisanat locaux est un excellent moyen de soutenir la communauté. Soyez prudent quant à la provenance de tout ce que vous achetez, en particulier ceux liés à la faune.

8. Sensibilisation culturelle :

Communauté multiculturelle : Svalbard abrite une population variée. Soyez attentif aux diverses coutumes et traditions culturelles.

9. Aucun verrou personnalisé :

Pratique unique : Il s'agit d'une pratique locale consistant à garder les maisons et les espaces publics déverrouillés, notamment comme sanctuaire en cas de rencontre avec des ours polaires. Respectez cette étiquette et ne visitez jamais la propriété de quelqu'un sans y être invité.

10. Services d'urgence :

Obtenez de l'aide : Sachez comment obtenir de l'aide d'urgence si nécessaire. N'oubliez pas que les installations médicales sont rares.

11. Gestion des déchets :

Pas de détritus : jetez les déchets correctement. En raison de l'environnement glacial, les matériaux biodégradables ne se décomposent pas facilement.

Comprendre et respecter l'étiquette et les traditions locales du Svalbard améliorera non seulement votre voyage, mais contribuera également à maintenir le mode de vie paisible et unique de cette communauté arctique. Le respect de la nature, de la culture locale et des coutumes de la communauté est vital dans cet environnement magnifique mais vulnérable.

Langue et communication

La langue et la communication du Svalbard se distinguent par la diversité de sa population et sa position en tant qu'archipel norvégien. Voici les aspects essentiels à considérer :

1. Langue officielle :

Norvégien : En Norvège, la langue officielle est le norvégien. Les communications gouvernementales et officielles se font principalement en norvégien.

2. Langues couramment parlées :

Anglais : Largement parlé et compris, en particulier dans le monde du tourisme et dans la communauté scientifique. Les visiteurs ne devraient avoir aucun problème à converser en anglais.

Russe : Dans les villages russes comme Barentsburg, le russe est largement utilisé.

3. Quartier multilingue :

En raison du caractère cosmopolite de sa population, qui comprend des chercheurs et des travailleurs d'autres pays, on pouvait entendre plusieurs langues parlées au Svalbard.

4. Signalisation :

La plupart des panneaux de signalisation à Longyearbyen et dans les destinations touristiques sont en norvégien et généralement traduits en anglais et parfois en russe.

5. Communication dans l'Hôtellerie et les Services :

Le personnel des hôtels, des restaurants et des agences de voyages maîtrise souvent l'anglais. Beaucoup sont également capables de parler ou de comprendre d'autres langues comme le russe, le thaï, etc.

6. Interactions locales :

Lorsque l'on communique avec des autochtones, l'anglais est souvent la lingua franca. Cependant, connaître quelques mots en norvégien, comme « Hei » (Bonjour) ou « Takk » (Merci), est le bienvenu.

7. Visites avec un guide :

Les visites guidées sont généralement proposées dans de nombreuses langues, attirant un public international. Il est toujours sage de vérifier la disponibilité linguistique avant de planifier un voyage.

8. Sensibilisation culturelle :

Dans un environnement cosmopolite comme le Svalbard, il est vital d'être attentif aux préférences linguistiques et aux subtilités culturelles de la communication.

9. Télécommunications :

Couverture mobile : principalement limitée à Longyearbyen et à plusieurs communautés voisines. Vérifiez auprès de votre fournisseur de services pour connaître les alternatives d'itinérance.

Accès Internet : le Wi-Fi est fourni dans la plupart des hôtels, restaurants et bâtiments publics de Longyearbyen.

10. Communication d'urgence :

En cas d'urgence, comprendre l'anglais ou le norvégien de base pour la communication pourrait être bénéfique. Les services d'urgence sont habitués à faire face à une société multiculturelle.

Bien que le norvégien soit la langue officielle, l'usage répandu de l'anglais facilite la conversation pour la plupart des touristes. Le caractère multilingue de la population du Svalbard reflète sa place de carrefour mondial dans l'Extrême-Arctique, contribuant à la variété de l'expérience culturelle.

Phrases linguistiques simples à connaître

Connaître quelques mots simples en norvégien pourrait être bénéfique et apprécié lors de votre séjour à Svalbard. Voici quelques phrases simples pour commencer :

Salutations:

Bonjour : "Bonjour" (Salut)

Bonjour : "Dieu demain" (Gohd mohr-gehn)

Bonsoir : "Bonsoir" (Gohd kehld)

Au revoir : "Ha det" (Hah deh) ou "Farvel" (Fahr-vehl)

Politesse:

S'il vous plaît : "S'il vous plaît" (Vahr soh snihl)

Merci : "Tak" (Facette)

Oui : "Ja" (Ouais)

Non : "Nei" (Non)

Besoins de base:

Je voudrais... : "J'aimerais avoir..." (Yai wil yehr-neh hah...)

Où sont les toilettes ? : "Où sont les toilettes ?" (Vohr ehr toh-ah-leht-eh ?)

Aide : "Aide" (Yehlp)

Je ne comprends pas : "Je ne comprends pas" (Yai fohr-stohr eek-keh)

Dans un restaurant ou un café :

Un tableau pour [numéro], s'il vous plaît : "Eht bohrd fohr [numéro], vahr soh snihl"

Le menu, s'il vous plaît : "Mehn-yen, vahr soh snihl"

Eau : "Vann" (Vahn)

Vérifiez s'il vous plaît : "Regningen, takk" (Reh-ning-ehn, facette)

Achats:

Combien ça coûte? "Combien ça coûte?" (Vohr mee-eh kohs-tehr deh-teh ?)

Acceptez-vous les cartes de crédit? "Prenez-vous les cartes de crédit?" (Tahr deh-reh kreh-dit-kohrt ?)

Urgence:

Urgence : « Urgence » (Nur-si-too-ah-shoon)

Appelez la police : "Ring politiet" (Ring poh-lee-tee-eh)

J'ai besoin d'un médecin : "J'ai besoin d'un médecin" (Yai trehn-gehr ehn leh-geh)

Général:

Comment vas-tu? "Comment vas-tu?" (Vohr-dahn gohr deh ?)

Je m'appelle... : "Je m'appelle..." (Yai heh-tehr...)

Je viens de... : "Je viens de..." (Yai kohm-mer frah...)

N'oubliez pas que la plupart des gens comprennent l'anglais, alors ne vous inquiétez pas trop si votre norvégien n'est pas parfait. Vos efforts pour communiquer dans la langue locale sont souvent reconnus !

Conseils pour la santé et la sécurité des utilisateurs

En raison de sa position éloignée et de son climat arctique unique, il est essentiel de donner la priorité à la santé et à la sécurité lors de votre visite au Svalbard. Voici quelques précautions importantes en matière de santé et de sécurité à prendre en compte :

1. Habillez-vous convenablement : Vêtements superposés : La superposition est la clé pour rester au chaud dans le froid arctique. Des couches de base thermiques, des couches intermédiaires isolantes et des couches extérieures imperméables et coupe-vent doivent toutes être utilisées.

Portez des chapeaux épais, des gants et des bottes isolées pour vous protéger du froid. Par temps froid, l'hypothermie constitue un danger.

2. Protection des ours polaires : Visites guidées : Explorez toujours en dehors des villages avec un guide de sécurité sur les ours polaires.

Soyez attentif à votre environnement et suivez les recommandations de sécurité de votre guide concernant les ours polaires.

3. Assurance voyage : Protection complète : Assurez-vous que votre assurance voyage couvre l'évacuation et les soins médicaux dans des endroits éloignés.

4. Installations médicales : Services de santé limités : Le Svalbard dispose d'un nombre limité d'installations médicales. L'hôpital principal de Longyearbyen fournit des services médicaux de base.

Médicaments sur ordonnance : apportez suffisamment de médicaments sur ordonnance pour la durée de vos vacances, car il peut être difficile d'obtenir des ordonnances spécialisées sur place.

5. Rayonnement UV : Même pendant les mois les plus froids, la réflexion du soleil sur la neige peut provoquer des coups de soleil. Portez des lunettes de protection contre les UV et un écran solaire avec un FPS élevé.

6. Évitez la déshydratation : Étant donné que la température arctique peut être sèche, buvez beaucoup d'eau tout au long de la journée.

7. Risques environnementaux : Soyez conscient des risques naturels tels que les crevasses sur les glaciers et les fluctuations météorologiques inattendues. Respectez toujours les sentiers désignés et les recommandations de votre guide.

8. Situations d'urgence : Coordonnées : Au Svalbard, connaissez les numéros de téléphone d'urgence (urgence générale : 112, police : 113).

Téléphone satellite : Le service cellulaire étant limité dans les zones rurales, pensez à emporter un téléphone satellite.

9. Sécurité alimentaire : manger au restaurant : les exigences en matière de sécurité alimentaire dans les restaurants sont bonnes, mais il est toujours préférable de manger des repas bien cuisinés, en particulier lorsque l'on ingère des animaux sauvages locaux comme des rennes ou des poissons.

10. Consommation modérée d'alcool : L'alcool peut altérer le jugement et les temps de réponse, ce qui est particulièrement dangereux dans un environnement hostile comme celui du Svalbard. Boire avec prudence.

11. Rencontres avec la faune : Respect de la faune : Maintenir une distance de sécurité avec toute la faune pour éviter de la déranger ou d'encourager son agressivité.

La sécurité du Svalbard repose sur la préparation et la compréhension des circonstances uniques de l'Arctique. Vous pourrez passer un moment sûr et enrichissant dans cette belle région du globe si vous prenez les mesures nécessaires.

Contacts d'urgence

En cas d'urgence lors d'une visite au Svalbard, il est essentiel d'avoir les coordonnées nécessaires. Voici les contacts d'urgence importants :

Numéros d'urgence généraux

911 pour la police, 911 pour les pompiers et 112 pour les urgences médicales.

Composez le 113 pour une ambulance.

Pour les urgences liées à la police, composez le 110.

Autres personnes importantes à contacter :

Hôpital communautaire de Longyearbyen :

L'hôpital de Longyearbyen peut offrir une assistance rapide en cas de situations médicales.

Contactez-nous au +47 79 02 42 00.

Le gouverneur du Svalbard :

Le bureau du gouverneur est chargé de diverses questions, notamment des efforts de recherche et de sauvetage.

Conseil local de Longyearbyen : +47 79 02 12 22 Contact d'urgence : +47 79 02 12 22

Pour obtenir des informations locales et de l'aide.

Numéro de contact : +47 79 02 21 50

L'Institut polaire norvégien (NPI) :

Pour les crises impliquant l'environnement ou les animaux.

Contactez-nous au +47 77 75 05 00.

Conseils pour faire face aux urgences :

Gardez votre sang-froid : indiquez votre emplacement, la nature de la situation et l'aide dont vous avez besoin.

Soyez toujours prudent quant à vos déplacements, surtout si vous êtes en dehors de Longyearbyen. En cas d'urgence, les coordonnées GPS peuvent être très utiles.

Sécurité des ours polaires : Si vous rencontrez un ours polaire, reculez prudemment et essayez de quitter la zone. Ne fuyez pas. Appelez les secours d'urgence si vous êtes en danger urgent.

Préparation pour les zones rurales : pensez à apporter un téléphone satellite si vous vous rendez dans des zones rurales, car la couverture cellulaire peut être limitée, voire inexistante.

Contacts pour les situations non urgentes :

Appelez le +47 79 02 42 00 pendant les heures normales de bureau pour des consultations médicales non urgentes à l'hôpital de Longyearbyen.

Utilisez le numéro de contact général du gouverneur du Svalbard : +47 79 02 43 00 pour toute question ou aide non urgente.

En raison de l'emplacement éloigné du Svalbard et de ses problèmes environnementaux uniques, il est essentiel que ces contacts d'urgence soient facilement accessibles. Lors de votre visite, mettez toujours l'accent sur la sécurité et la préparation.

Andréa Frost

Accès Internet et communication avec les utilisateurs

La communication et la connexion Internet au Svalbard, notamment à Longyearbyen, sont relativement contemporaines et fiables, surtout compte tenu de la situation isolée de l'île dans l'Arctique. Considérez les points cruciaux suivants :

1. Réseau mobile et couverture : Longyearbyen dispose d'une couverture de réseau mobile décente. Telenor est le principal fournisseur de services.

La couverture mobile peut être faible, voire inexistante, en dehors de Longyearbyen et des communautés voisines telles que Barentsburg. Les téléphones satellites sont idéaux dans les zones rurales.

2. Accès Internet : Disponibilité du Wi-Fi : Le Wi-Fi est disponible dans la plupart des hôtels, maisons d'hôtes, cafés et bâtiments publics de Longyearbyen pour les visiteurs et les clients.

Les connexions Internet sont généralement correctes, mais elles peuvent être plus lentes qu'en Europe continentale, en particulier pendant les heures de forte utilisation.

3. Vérifiez auprès de votre fournisseur pour l'itinérance internationale : Vérifiez auprès de votre opérateur de

téléphonie mobile les prix de l'itinérance internationale et la couverture au Svalbard avant de partir.

Frais d'itinérance : sachez que les frais d'itinérance peuvent être exorbitants. Pour des visites plus longues, pensez à acquérir une carte SIM locale.

4. Cartes SIM locales : Disponibilité : Si les voyageurs séjournent pour une période prolongée ou souhaitent une connexion fréquente au réseau mobile, l'obtention d'une carte SIM locale peut être un choix rentable.

Les cartes SIM peuvent être achetées à Longyearbyen auprès des détaillants d'électricité ou à la poste.

5. Téléphones publics et services postaux : Longyearbyen dispose de quelques téléphones publics ; cependant, ils sont rarement utilisés en raison de l'utilisation répandue du téléphone portable.

Services postaux : Le bureau de poste de Longyearbyen fournit des services postaux réguliers et peut servir de point de contact pour tout besoin de communication.

6. Communication d'urgence : Contact d'urgence : En cas d'urgence, composez le 112 à Svalbard. Lorsque vous vous aventurez en dehors des régions peuplées, assurez-vous de disposer d'un moyen de contact.

7. Services en ligne et streaming : accès aux plateformes en ligne : les visiteurs peuvent accéder à la majorité des services en ligne et des plateformes de streaming accessibles en Norvège, tandis que certains services peuvent avoir un fonctionnement restreint en raison de contraintes régionales.

Cafés Internet et Wi-Fi public :

Points d'accès Internet : Si vous n'avez pas votre appareil, il existe quelques endroits à Longyearbyen où vous pouvez vous connecter à Internet.

Malgré sa position éloignée, les principales communautés du Svalbard fournissent des services de communication et Internet fiables. Rester connecté est souvent simple à Longyearbyen, mais prévoyez toujours les besoins de communication, notamment lors de l'exploration des endroits les plus isolés de l'archipel.

Applications et sites Web utiles aux utilisateurs

Certaines applications et sites Web peuvent être très utiles pour obtenir des informations, naviguer et améliorer votre expérience globale tout en planifiant et en profitant de vos vacances à Svalbard. Voici quelques exemples:

Applications : Application de visite du Svalbard :

Le but de cette application est de fournir des informations touristiques officielles sur le Svalbard.

L'hébergement, les activités, les choix alimentaires et les informations cruciales sur la sécurité sont tous inclus.

Année :

La prévision météorologique est l'objectif.

Fournit des prévisions météorologiques fiables pour Svalbard, ce qui est essentiel pour planifier des activités extérieures.

Google Maps ou Maps. moi:

La navigation hors ligne est l'objectif.

Téléchargez les cartes du Svalbard pour une utilisation hors ligne, essentielles pour voyager autour de Longyearbyen.

Étapes polaires :

Le suivi des voyages est l'objectif.

Suivez et partagez votre aventure arctique avec vos amis et votre famille.

Applications pour les prévisions Aurora (par exemple, Mes prévisions et alertes Aurora) :

Le but est de prévoir les aurores boréales.

Fournit des prévisions sur l'activité des aurores boréales, ainsi que les meilleurs horaires et lieux d'observation.

Sites Web : Visite du Svalbard (visitsvalbard.com) :

Le but de ce site est de servir de site touristique officiel.

La planification du voyage, l'hébergement, les excursions et les événements actuels au Svalbard sont tous traités en détail.

Svalbardposten (svalbardposten.no) :

Un journal norvégien.

L'objectif est de fournir des nouvelles et des mises à jour locales.

Restez au courant des dernières nouvelles et événements à Svalbard.

Gouverneur du Svalbard (sysselmannen.no) :

Le but est de fournir des informations officielles et des règles de sécurité.

Caractéristiques : Indispensable pour comprendre la législation locale, les exigences de sécurité et les restrictions environnementales.

Svalbard Bryggeri (svalbardbryggeri.no) : Svalbard Bryggeri (svalbardbryggeri.no)

Le but de cette page est de fournir des informations sur une brasserie locale.

Découvrez la brasserie la plus septentrionale du monde, ses produits et les alternatives de visite.

Conseil communautaire de Longyearbyen (longyearbyen.net) :

L'objectif est de fournir des informations à la communauté.

Fournit des informations sur les services communautaires, les initiatives en cours et la vie locale.

Suggestions supplémentaires :

Téléchargez à l'avance : avant d'arriver au Svalbard, assurez-vous de télécharger toutes les applications essentielles, car la disponibilité d'Internet peut être limitée dans certaines régions.

Batterie : Étant donné que les températures froides peuvent rapidement épuiser les batteries des gadgets, pensez à emporter une batterie portable.

Applications d'urgence : disposer d'une application de premiers secours ou de services d'urgence peut s'avérer utile dans des circonstances imprévues.

Ces applications et sites Web peuvent améliorer considérablement votre expérience de voyage au Svalbard en fournissant une assistance pratique, des informations à jour et des outils pour la sécurité et le plaisir. Ils seront des outils précieux tout au long de votre voyage dans l'Arctique, que vous recherchiez les aurores boréales, naviguiez sur le terrain ou vous teniez au courant des activités locales.

Liens vers des cartes en ligne pour explorer le Svalbard

Plusieurs cartes et outils Internet peuvent être très utiles pour voyager au Svalbard. Voici quelques-uns des plus utiles :

1. Carte du Svalbard de l'Institut polaire norvégien : cet atlas interactif sur le thème du Svalbard fournit une multitude d'informations environnementales. C'est un endroit idéal pour obtenir des informations spécifiques sur le Svalbard, telles que les restrictions de circulation et les zones interdites à la circulation. Il peut être trouvé sur Svalbardkartet.npolar.no.

2. TopoSvalbard : TopoSvalbard est une passerelle de cartes topographiques du Svalbard, également proposée par l'Institut polaire norvégien. Il présente des photos aériennes et une représentation 3D de la zone, ainsi qu'une topographie précise et des noms de villes. Ce site Web est très utile pour les personnes qui souhaitent en savoir plus sur le paysage du Svalbard. Pour accéder au site, rendez-vous sur toposvalbard.npolar.no.

3. Naturbase et BarentsWatch : ces plates-formes incluent des données thématiques importantes et font partie de la gamme de services de cartes en ligne approuvée par le gouverneur du Svalbard. Naturbase, en particulier, propose des données environnementales qui pourraient être utiles pour comprendre

le paysage naturel du Svalbard. Des cartes thématiques de la région de Barents, qui comprend le Svalbard, sont disponibles sur BarentsWatch. Le site Web du gouverneur du Svalbard, sysselmesteren.no, propose des liens vers diverses ressources.

Lorsque vous utilisez ces cartes et organisez des voyages au Svalbard, gardez à l'esprit les circonstances environnementales uniques et les lois en matière de sécurité, en particulier celles relatives à la protection de la faune et des ours polaires. Ces cartes sont non seulement utiles pour la navigation, mais également pour comprendre et respecter la nature arctique sensible du Svalbard.

Andréa Frost

CONCLUSION

Svalbard, une île arctique, offre une expérience de vacances unique en son genre, avec des vues magnifiques, des animaux variés et une riche tapisserie de patrimoine culturel. Qu'il s'agisse d'observer la grandeur mystique des aurores boréales, d'explorer d'énormes glaciers ou de rencontrer des animaux rares tels que des ours polaires et des morses, la région offre un mélange d'aventure et de calme.

Dans cet environnement lointain et impitoyable, la santé et la sécurité sont vitales. On ne peut pas insister sur la nécessité de superposer des vêtements, de se préparer à la rencontre avec des ours polaires et d'avoir une assurance voyage complète. Les installations médicales étant limitées, une préparation sanitaire adéquate et le transport de médicaments vitaux sont nécessaires.

Si la communication et la connectivité sont étonnamment fortes à Longyearbyen, elles posent des difficultés dans les endroits isolés. Les visiteurs doivent apporter des cartes hors ligne et envisager d'utiliser des téléphones satellite pour plus de sécurité lors de randonnées lointaines.

La langue et l'étiquette culturelle du Svalbard reflètent la domination norvégienne de l'île et la société internationale. Comprendre et respecter les traditions locales, ainsi qu'acquérir quelques mots norvégiens, contribuent à améliorer les relations avec la communauté locale accueillante et variée.

La cuisine du Svalbard offre une expérience gastronomique unique en son genre, avec des spécialités locales telles que la viande de renne et l'omble chevalier qui donnent un aperçu de l'histoire culinaire de la région. Les options de restauration varient d'excellents restaurants gastronomiques aux cafés de quartier tranquilles, avec des options pour tous les goûts et tous les budgets.

Les outils et ressources de navigation, tels que la carte du Svalbard et le TopoSvalbard de l'Institut polaire norvégien, sont essentiels pour explorer la région en toute sécurité. Ces outils aident non seulement à la navigation mais donnent également des informations sur l'écologie sensible et les garanties requises pour une visite responsable.

Les souvenirs et l'artisanat local du Svalbard capturent le caractère de l'Arctique. Des articles sur le thème de l'ours polaire, ainsi que des objets d'artisanat et des œuvres d'art locaux, sont disponibles, offrant aux clients des rappels concrets de leur aventure dans l'Arctique.

Pour résumer, visiter le Svalbard est bien plus que de simples vacances ; c'est une immersion dans un univers incroyable où la nature règne en maître. Cela nécessite une planification minutieuse, une sensibilité environnementale et une attitude aventureuse. Qu'il s'agisse de la grandeur tranquille d'un glacier, de l'excitation d'une promenade en traîneau à chiens ou de la beauté tranquille du soleil de minuit, le Svalbard offre une variété d'expériences étonnantes. Cette expérience arctique promet d'être une visite unique remplie de vues à couper le souffle et d'une profonde appréciation des merveilles naturelles de notre planète.

Printed by Amazon Italia Logistica S.r.l.
Torrazza Piemonte (TO), Italy